矩阵打造

短视频、直播全媒体高效运营从入门到精通

谭俊杰◎著

化学工业出版社

·北京·

内 容 提 要

怎样打造矩阵？入驻各平台、定位账号、引流吸粉？

怎样实现流量变现？进行全平台打造、视频运营、直播运营？

这些问题，你都可以从本书中找到答案，即使是新手小白，也可成为全媒体运营达人！

本书通过介绍全媒体矩阵的账号定位、引流吸粉，以及图文平台运营、问答平台运营、音频平台运营、视频平台运营、直播平台运营等矩阵的打造，最后通过一个综合案例《幻境：风光摄影与后期从小白到大师》，抛砖引玉，对全媒体的矩阵打造进行了介绍，帮助读者一本书从零开始精通矩阵打造！

本书不仅适合新媒体运营新手，掌握矩阵账号各方面的知识点，快速开启全媒体运营之路，更适合拥有一定运营经验的新媒体运营者，提高全媒体发布内容的质量，快速增强矩阵账号的引流和吸粉能力，为变现创造更好的条件。

图书在版编目（CIP）数据

矩阵打造 ： 短视频、直播全媒体高效运营从入门到

精通 / 谭俊杰著. -- 北京 ： 化学工业出版社，2025.

3. -- ISBN 978-7-122-47375-2

Ⅰ. F713.365.2

中国国家版本馆CIP数据核字第2025ND8155号

责任编辑：张素芳　李　辰　　　　　　　封面设计：异一设计
责任校对：李露洁　　　　　　　　　　　装帧设计：盟诺文化

出版发行：化学工业出版社（北京市东城区青年湖南街13号　邮政编码100011）
印　　装：天津市银博印刷集团有限公司
710mm×1000mm　1/16　印张13¼　字数257千字　2025年5月北京第1版第1次印刷

购书咨询：010-64518888　　　　　　　　售后服务：010-64518899
网　　址：http://www.cip.com.cn
凡购买本书，如有缺损质量问题，本社销售中心负责调换。

定　　价：78.00元

在当今互联网迅速发展的新时代，全媒体矩阵运营因为全面性、高效性，深受大家的喜爱。

全媒体最初的概念，是指信息采用文字、声音、影像等表现手段，利用广播、电视、报纸、杂志等媒介形态，通过网络进行传播。全媒体最主要的特点体现在"全"这个字上面，包括3个方面，一是覆盖的范围（全网络融合）；二是技术手段（解决的方法与技巧）；三是受众传播面（用户接收信息的渠道）。

目前，随着多种新媒体平台的兴起，特别是微信公众号、视频号、小红书、B站、抖音、快手等平台的火爆，全媒体的表现形态也发生了很大的变化，因而如何进行全媒体运营，实现商业变现是很多运营者都非常关注的问题。

全书共9章，从了解概念、账号定位、引流吸粉、平台介绍、实战案例这5个层面讲解了打造全媒体矩阵的相关内容，为读者提供了较为系统的理论知识，希望可以帮助读者实现全媒体矩阵打造。

本书内容全面、结构清晰，具体安排如下。

（1）内容篇：第1章～第3章介绍了全媒体矩阵的概念、账号定位、构建私域流量池等内容，能够帮助读者快速进入全媒体矩阵打造的环境中，并进行正确的账号定位，通过引流吸粉快速打造自己的品牌IP。

（2）平台篇：第4章～第8章介绍了全媒体多种类型平台，包括图文平台、问答平台、音频平台、短视频平台、直播平台，能够帮助读者进行平台的选择、实现全媒体矩阵的搭建，从而更好地运营全媒体。

（3）实战篇：第9章以《幻境：风光摄影与后期从小白到大师》一书为例进行实操讲解，为读者总结了前面8章的内容，方便读者根据案例进行模仿实战，更好地运用到实际操作中。

特别提示：在编写本书时，是基于当前各平台相关的软件和后台截图进行编写的，但书从编辑到出版需要一段时间，在这段时间里，软件界面与功能会有调整与变化，如有的内容删除了，有的内容增加了，这是软件开发商做的更新，很正常，请在阅读时，根据书中的思路，举一反三，进行学习即可。

本书由谭俊杰著。刘阳洋参与了资料整理，在此表示感谢。由于作者知识水平有限，书中难免有疏漏之处，恳请广大读者批评、指正。

著　者

目录
CONTENTS

第1章　了解概念：全媒体矩阵是什么

第2章　账号定位：全平台打造品牌IP

第3章　引流吸粉：构建私域流量池

第4章　矩阵1：图文平台，绝佳的阅读体验

第5章 矩阵2：问答平台，给你想要的答案

第6章 矩阵3：音频平台，拉近与用户的距离

第7章 矩阵4：视频平台，更立体多面地呈现

第8章 矩阵5：直播平台，团购带货第一渠道

第9章 案例：《幻境：风光摄影与后期从小白到大师》图书的全媒体运营

第1章

了解概念：全媒体矩阵是什么

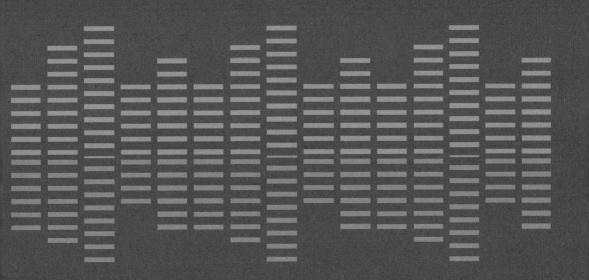

随着各式各样的新媒体平台的出现，打造全媒体矩阵已经成为当今时代多数企业推广品牌的运营手段，了解全媒体的特点、类型及优势，建立全媒体传播体系，实现跨平台、多账号运营是实现全媒体矩阵的第一步。

1.1 了解全媒体矩阵

截至2023年，最早出现的一批新媒体平台已有14年之久，随着互联网的发展，各种各样的新媒体平台已经成为大部分企业的品牌推广渠道，如何构建全媒体布局，搭建全媒体矩阵，是当下企业最关心的话题。本节主要为大家介绍全媒体矩阵的概念及特点。

1.1.1 全媒体矩阵的定义

进入全媒体时期，要塑造主流舆论新格局，"全媒体"应形成"全矩阵"。建设全媒体传播体系，并不是越"全"越好、越"大"越好，还应当做到技术与内容契合，方能相得益彰。

全媒体矩阵包含线上、线下的新媒体平台，例如百度系、头条系、腾讯系等，都属于市面上互联网的头部产品，图1-1所示为全媒体广告项目矩阵。这些媒体给中小企业提供了全面的营销建议，可以降低企业品牌的广告运营成本，提升效果转化，特别是针对企业的不同情况，能够推荐不同媒体产品，这是全媒体矩阵的优势。

图 1-1　全媒体广告项目矩阵

1.1.2 全媒体矩阵的类型

搭建全媒体矩阵的作用最主要体现在实现内容多元化、分散风险、放大宣传效果，一般把全媒体矩阵分为横向矩阵和纵向矩阵两种类型。

1. 横向矩阵

横向矩阵指企业在全媒体平台的布局，包括自有App、网站和各类新媒体平台，如微信、微博、今日头条、一点资讯、企鹅号等，也可以称为外矩阵。图1-2所示为根据媒体传播的内容类型，进行整理归类的全媒体横向矩阵。

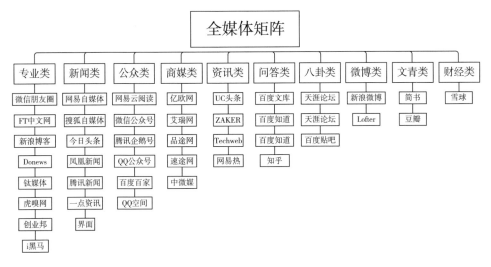

图 1-2　横向全媒体矩阵

2. 纵向矩阵

纵向矩阵主要指企业在某个媒体平台的生态布局，是其各个产品线的纵深布局，也可以称为内矩阵。例如微信，在微信平台可以布局订阅号、服务号、社群、个人号及小程序。笔者列举了微信、今日头条和微博的部分纵向矩阵，如表1-1所示。

表 1-1　微信、今日头条和微博的部分纵向矩阵

微信	今日头条	微博
订阅号	头条号	状态
服务号	抖音	新浪看点
社群	悟空问答	秒拍视频
个人号	西瓜视频	新浪直播

1.1.3　全媒体矩阵的优势

随着更多形式的媒体平台进入大众视野，掌握不同平台的特点、不同用户的属性，搭建全媒体矩阵，是当代中小企业运营品牌的关键要点。下面为大家介绍搭建全媒体矩阵的优势。

1. 加大宣传

全网共有50余个新媒体平台，然而平台的用户相对而言却很局限，一般很少有人同时刷多个App，因此用户都比较分散，那么我们需要选择多个自媒体平台进行运营，拓宽自己的宣传渠道，从而扩大用户群体。这样一来，不管在哪个平台运营都可以有自己的一批粉丝。

2. 降低成本

想要降低销售成本，可以通过组建全媒体运营团队来自主经营账号，比起请传媒公司进行广告投放要省很多费用。同时，比起外包的传媒公司，公司内部的运营人员对品牌的理解和企业文化都更熟悉，也能更高效地进行企业运营。

3. 培养口碑

对于想短时间内提高知名度，或者想打造独立品牌，走知识产权（Intellectual Property，IP）运营路线的运营来说，打造矩阵是最好的选择。当企业的知名度提高以后，就能有效提高运营效率，也能更好地增加收益。

例如，大型餐饮企业海底捞，就借助多平台矩阵对企业文化进行宣传，在公众号、微博、抖音等平台上宣传"服务至上、顾客至上"的理念，传递服务精神。图1-3所示为部分新媒体平台上，海底捞通过宣传服务精神所收获的良好口碑。

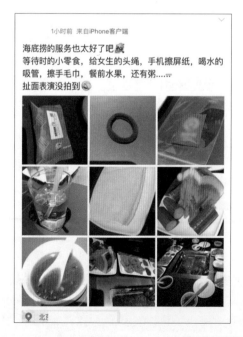
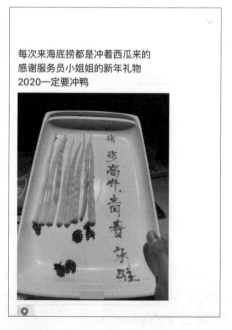

图1-3 收获的良好口碑

4. 招募员工

运营者可以利用全媒体平台，对公司的企业文化进行有计划的宣传，招募优秀员工，一个优秀的企业团队，能提供更多的运营方案，并能够在人数足够的情况下，在更多的平台上进行规划性布局。

1.1.4　全媒体矩阵的特点

所谓"全媒体"，其实当前并没有一个被大家公认的、准确的定义。这一概念是随着信息技术和通信技术的发展、应用和普及，从以前的"跨媒体"逐步衍生而成的。关于全媒体矩阵的特点，有如下4点。

第一点，"全媒体"是人类现在掌握信息流手段的最大化的集成者。从传播载体工具上分可分为：报纸、杂志、广播、电视、音像、电影、出版、网络、电信、卫星通信等。

从传播内容所依赖的各类技术支持平台来看，除了传统的纸质、声像，还基于互联网络和电信的无线应用通信协议（Wireless Application Protocol，WAP）、通用分组无线业务（general packet radio service，GPRS）、第三代移动通信技术（Third Generation，3G）、第四代移动通信技术（Four Generation，4G）及流媒体技术等，图1-4所示为各类媒体工具。

图 1-4　各类媒体工具

第二点，"全媒体"并不排斥传统媒体的单一表现形式。在整合运用各媒体表现形式的同时，"全媒体"仍然很看重传统媒体的单一表现形式，并视单一形式为"全媒体"中"全"的重要组成。

第三点，"全媒体"在传媒市场领域里的整体表现为大而全，而针对受众个体则表现为超细分服务。

例如，对同一条信息，通过"全媒体"平台可以有多种多样的表现方式，但同时也根据不同用户的不同需求，以及信息表现的侧重点来对采用的媒体形式进行取舍和调整。例如，在展示某一楼盘信息时，用图文来展示户型图和楼书中描述性的客观信息；利用音频和视频来展示更为直观的动态信息。

同时，对于使用宽带网络或3G手机的受众，则可在线观看样板间的三维展示效果及参与互动性的在线虚拟小游戏等。

"全媒体"不是大而全，而是应根据需求和其经济性来结合运用各种表现形式和传播渠道。"全媒体"超越"跨媒体"就在于其用更经济的眼光来看待媒体间的综合运用，以求投入最小、传播最优、效果最大。

第四点，"全媒体"体现的不是"跨媒体"时代的媒体间的简单连接，而是全方位融合——网络媒体与传统媒体乃至通信的全面互动、网络媒体之间的全面互补、网络媒体自身的全面互融。总之，"全媒体"的覆盖面最全、技术手段最全、媒介载体最全、受众传播面最全。

例如，中央级媒体《人民日报》，也逐渐从传统的纸媒走向多平台、全媒体矩阵发展，搭建起网络媒体与传统媒体之间的桥梁，使新媒体与传统媒体互相融合，如图1-5所示。

图1-5 网络媒体与传统媒体走向融合

1.2　搭建全媒体矩阵

在上一节我们主要了解了全媒体矩阵的概念、类型、优势及特点，那么，如何搭建全媒体矩阵呢？本节笔者将为大家介绍以下3个要点。

1.2.1　确立战略定位

全媒体矩阵的定位不像微博号、微信号那么简单，一方面要根据类型的不同进行定位，另一方面要根据发展的不同阶段来规划，这就需要进行战略定位。根据矩阵的体量和结构大致可分为3类。

一是以App为核心的新媒体集群，一般为大型传媒和企业。例如，目前的头部新媒体企业"字节跳动"，该企业旗下的产品就有近20个App，如图1-6所示。

图 1-6　"字节跳动"旗下的 App

二是没有App的自媒体矩阵，适合一些中小型媒体和企业。大部分中小型企业都是有实体店的，它们借助各种新媒体平台搭建全媒体矩阵，这是一种吸收更多用户群体的手段。

三是MCN（Multi-Channel Network）。MCN是一种多频道网络的产品形态，将专业生产内容（Professionally Generated Content，PGC）联合起来，在资本的有力支持下，保障内容的持续输出，从而最终实现商业的稳定变现。

严格来说，MCN不算全媒体矩阵，而是属于整合营销传播矩阵，但它也有一定的媒体属性。

媒体做的App有不同的发展阶段，第一阶段往往由政府扶持媒体输血，等运作走上正轨上规模、上档次之后，实现与市场和用户的对接，逐步具备造血功能并具有较强的盈利能力。这两个阶段的定位是不同的，而两个阶段的对接与转换是整个规划的重点和难点。

1.2.2 打造"用户圈"

以"用户圈"为核心打造全媒体矩阵"用户圈"，借用的是商业营销中的一个概念。在传统主流媒体的全媒体矩阵建设中，要充分利用自己的影响力和权威性，通过深度融合来扩大传播的影响力和有效性，并开展各种营销活动。打造"用户圈"的本质是把新媒体作为社交的平台，把用户作为全媒体矩阵的核心。

例如，丁香医生是一个在微信、知乎等新媒体平台上提供在线问诊、健康科普等集多功能于一体的全媒体矩阵。在完成了早期的用户积累后，借着"知识变现"的东风，丁香医生推出了一系列知识付费产品。图1-7所示为丁香医生旗下的一个付费小程序"问医生"。进入小程序，可根据需要选择对应的医生进行在线付费咨询。

图 1-7　付费小程序

丁香医生脚踏传统医疗行业和移动互联网两个领域，其运营模式带有医疗及互联网的双重属性。在知识传播和知识经济中，丁香医生全媒体矩阵定位是这样设计的。

一是免费模式与收费模式相结合。

二是跨界思维与多形态的运营体系相结合。

除了丁香医生，在中央级媒体方面，《人民日报》也做出过以打造"用户圈"为核心的矩阵设计。《人民日报》综合官方网页、微信、微博、新闻客户端、人民电视、电子阅报栏等多端资源，构建"数据中心"和"信息超市"，打造出一个现代化的全媒体矩阵，在移动传播上卓有成效。

另外，《成都商报》也依托其报纸主业，借助各种数字化平台，不断拓宽传播渠道。在微博方面，开通"成都商报""成都商报美食""成都商报旅游"等多个账号，与用户积极互动；在微信方面，精心运营"成都商报""成都伙食""成都四川名医"等微信公众号。

此外，《成都商报》还先后推出"成都商报App""悠哉"和"谈资"三大移动客户端，形成立体多元的全媒体传播矩阵。

1.2.3　建立传播体系

搭建全媒体矩阵，最关键的是构建以内容建设为根本、先进技术为支撑、创新管理为保障的全媒体传播体系，随着全程媒体、全息媒体、全员媒体和多种媒体平台的涌现，全媒体时代需要进一步加深媒体之间的融合发展。下面为大家介绍建设全媒体传播体系的几个要点。

1. 以内容建设为根本

在生产优质内容方面，传统媒体，如新闻社的纸媒，相对各种新媒体平台，拥有更专业化的采编人才队伍，获取信息的渠道更权威、官方。因此，在坚持以内容建设为根本时，应当促进全媒体的融合发展，打造专业化的全媒体传播体系。

2. 以先进技术为支撑

技术是传媒的引擎。没有技术支撑，内容就难以快速、有效、精准地抵达用户。随着各种新技术的涌现，如人工智能、云计算、物联网、第五代移动通信技术（5G）等，媒体需要跟上时代步伐，借助新力量来传递内容。

例如，2022年1月底推出的人工智能技术驱动的自然语言处理工具（ChatGPT）软件，促进了内容生产和创新表达，从人工写作逐渐发展到人工智能写作。图1-8所示为ChatGPT的官网首页。

3. 以管理创新为保障

随着媒介技术日新月异的发展，媒体迭代周期日益缩短，这就要求媒体管理不断创新、以变应变。建设全媒体传播体系，需要统筹处理好传统媒体和新兴媒体、中央媒体和地方媒体、主流媒体和商业平台、大众化媒体和专业性媒体的关系，要不断优化内部组织结构，打破采编部门相互分割、自成一体的局面。

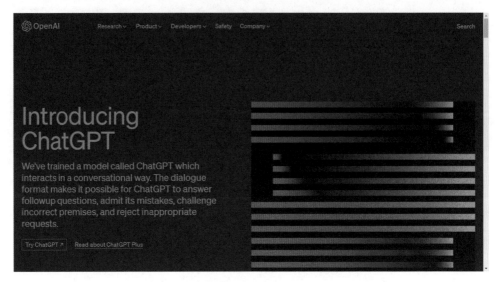

图 1-8　ChatGPT 的官网首页

1.3　实现跨平台、多账号运营

构建全媒体矩阵，通常需要同时管理多个媒体平台，运营多个账号，为了提高管理效率，我们可以借助"矩阵通"这个平台。

矩阵通是多平台数字化内容资产管理中台，面向有跨平台、多账号运营需求的企业，帮助各家企业解决在建立自己的媒体传播矩阵过程中，面临的账号管理难度大、人员管理不灵活、内容管理不高效等难题。本节主要为大家介绍该平台的6个功能。

1.3.1　统一管理跨平台账号

矩阵通接入6大主要媒体平台，统一中台管理抖音、快手、公众号、视频号、微博、小红书等6个主要媒体平台的账号，如图1-9所示。

同时，矩阵通能够基于组织结构分组管理账号，建立多级团队，方便企业基于组织架构为每个账号分配所属团队及运营人员；还可以基于用户角色划分操作权限和数据查看权限，确保重要数据的安全。

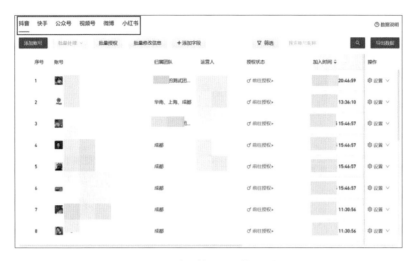

图 1-9　统一管理 6 大媒体平台

1.3.2　利用场景化工具提效

矩阵通不仅可以跨平台管理账号，同时在矩阵通管理后台，我们还可以利用相应的工具进行数据分析，提高多平台账号运营的效率，具体内容如下。

1. 数据可视化分析

进入矩阵通管理后台，在"运营报表"页面，可以看到不同统计周期的报表，如图1-10所示。我们可以通过调整统计周期，查看不同时间段、不同账号、不同作品、不同平台的传播数据，系统将自动按周、月、季度生成运营报表，通过运营报表能够看到全平台的数据。

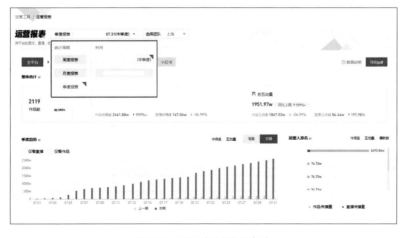

图 1-10　不同统计周期的报表

2. 绩效追踪

矩阵通会建立集团任务机制，自动追踪团队或个人的任务完成情况，实现效果监控与复盘。图1-11所示为"新榜"旗下的所有平台账号，如新抖服务、新视等3月份的任务完成情况，可以看到团队的账号达标率为90%。

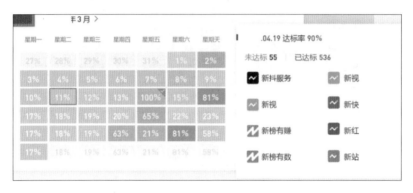

图 1-11　团队的任务完成情况

3. 数据动态

矩阵通会实时对数据进行监控，只要对账号的数据进行设置，在达到数据标准后，就会由新抖运营小组发送通知告知，如图1-12所示。

图 1-12　新抖运营小组发送通知告知

1.3.3　提升团队数据运营能力

矩阵通还能以图表的形式，对企业的多平台账号数据进行管理，以提高团队的运营能力，包括分析团队数据动态、内容自动解析和促使团队自驱进步3个方面。

1. 数据动态

矩阵通以清晰、直观的可视化图表展示了企业的账号资源分布及产能状况，同时也能提供企业整体的作品传播趋势、直播运营效果和账号播放量、点赞评论数等数据，如图1-13所示。

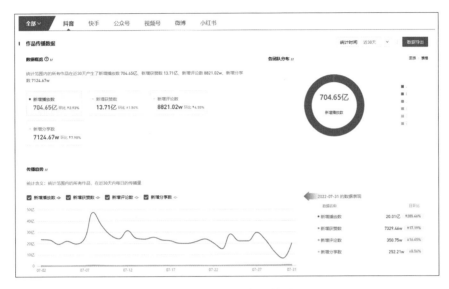

图 1-13　企业整体的作品传播数据

2. 内容自动解析

进入"资产盘点"页面，如图1-14所示，能够看到在此账号发布过的作品，根据所属平台、内容类型、发布团队、运营人等信息可以对作品进行分类。

图 1-14　进入"资产盘点"页面

选择任意一项作品查看详情，进入新的页面。单击"自动解析"按钮，如图1-15所示，可以解析作品，挖掘优质内容的内在逻辑，为企业留存大量优质创意，提高素材的二次使用率。

图1-15　单击"自动解析"按钮

3. 团队自驱进步

矩阵通会对企业内部所有账号进行排名，包括账号能力榜和账号活跃榜两个榜单，如图1-16所示，帮助企业打造内部排行榜，配合奖惩机制促进组内良性竞争，让账号运营者都能向头部看齐。

图1-16　账号能力榜、账号活跃榜榜单

1.3.4　洞察行业的内容趋势

矩阵通每日会在首页更新多个媒体平台的热点事件和爆款内容，提供创作灵感，并对内容进行事件传播趋势分析，查询任意关键词的传播声量，辅助内容营销，如图1-17所示。

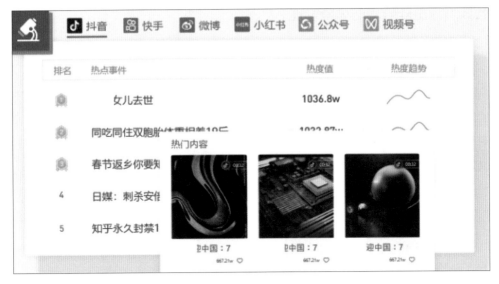

图 1-17　对热门事件内容进行分析

1.3.5　掌握竞品的运营情况

为了掌握竞品的运营情况，矩阵通会对竞品近期发布的全部作品进行实时动态分析，并支持根据发布时间和传播数据等进行筛选。

同时，矩阵通能够对竞品热议内容的关键词进行提炼，如图1-18所示，快速发现竞品发布的热门内容，深入分析其内容策略。

图 1-18　提炼热议内容的关键词

1.3.6　矩阵账号的风险管理

为了帮助客户规避账号运营过程中存在的风险，矩阵通在企业风险监管板块上线了"矩阵体检"功能。

客户设置好需要检测的平台、账号及规则后，矩阵通将自动检测矩阵账号是否健康运营、内容发布是否合规等，并反馈风险详情，轻松解决客户的风险监管难题。具体检查的4个类别分别为品牌形象、企业授权、安全合规和运营表现，具体内容如图1-19所示。

图 1-19　"矩阵体检"的内容

第 2 章

账号定位：全平台打造品牌 IP

　　做好账号定位，是打造全媒体矩阵的第一步，大部分企业在打造品牌IP时都会使用各种各样的新媒体平台进行宣传和推广，而账号定位主要包括用户定位、内容定位和形象包装等方面，本章笔者将为大家介绍账号定位的运营技巧。

2.1 进行用户定位

移动互联网时代，全媒体矩阵已经成为新型的营销方式，它能为企业带来巨大的利益。为了打造全媒体矩阵，运营者首先需要对自己企业所需要推广的品牌进行定位，分析自己的用户到底喜欢什么样的内容，从而打造全平台品牌IP。

2.1.1 明确定位目的

在做各平台账号定位之前，新媒体运营者首先需要明确账号定位的目的，明确了定位的关键点之后，运营者在给账号定位的时候思路会更加清晰。所以，定位之前运营者需要认真思考几个问题，如图2-1所示。

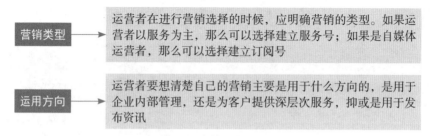

图 2-1 定位前的思考

除了要明确自己营销的类型和方向，运营者还要做到关键的一点，根据企业自身的特点、受众、调性来定义公共平台所要进行运营的内容的特色、受众和调性。

- 受众定位：受众年龄、性别、地区、行业等。
- 内容定位：你的受众更喜欢看哪种类型的平台，对该进行长期运营。

定位的偏差会导致我们的内容越走越窄，最终走进难以改善的瓶颈期。因此，我们在正式发布内容之前一定要先解决定位问题。

2.1.2 分析用户特征

运营者在运营全媒体的过程中，用户定位是至关重要的一环。只有了解了自己的目标用户，才能根据这些用户的需求，制造出相应的内容，达到最好的营销效果。目标用户定位主要要做两件事。

- 第一件事是了解自己的目标用户是谁。
- 第二件事是了解这些目标用户的主要特征。

如果运营者能够摸透以上这两件事，那么对后面的服务定位和平台定位都是大有好处的。通常，运营者在对目标群体特征进行分析的时候，主要从两方面入手，如图2-2所示。

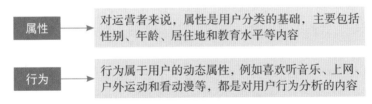

图 2-2　对目标群体特征分析要从两方面入手

一个优秀的新媒体运营者，还需要对目标用户进行简单的群体特征分析，这些群体特征的分析主要从以下几个特性着手，如图2-3所示。

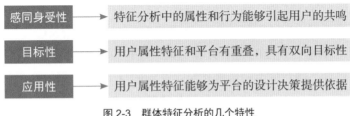

图 2-3　群体特征分析的几个特性

介绍完了目标群体特征分析的内容，下面笔者向大家介绍一下目标用户定位的流程。通常来说，对目标用户的定位需要经过3个步骤，如图2-4所示。

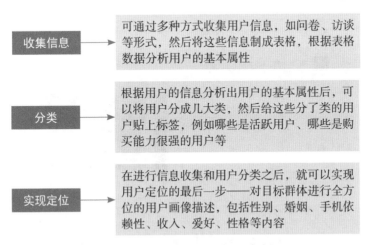

图 2-4　对目标用户定位经过的 3 个步骤

2.1.3　了解企业特色

运营者想要投身到全媒体运营和营销中，就必须深入地了解自己的企业特色、产品特色，有针对性地进行产品服务定位。比如，如果是手机生产商的话，就应该根据手机的功能，针对不同年龄层的用户，进行精准化营销和宣传。

而除了从竞争对手角度出发，还要从目标用户的角度提炼用户喜爱的差异化服务。如果运营者的差异化服务不是用户所需要的，那么即使推出了相关服务，用户可能也不会接受。

在互联网时代新媒体平台众多的情况下，运营者想要抢占运营和营销高地，希望自己所运营的账号在新媒体平台上的众多账号中脱颖而出，就必须打造出独具特色的新媒体账号。那么，该怎么去打造呢？

运营者可以给自己的新媒体账号和产品进行差异化的产品和服务定位。进行差异化的产品和服务定位首先需要对竞争对手有一定的了解，然后分析自己与竞争对手之间的差异和优势，最终分析出属于自己的特色服务。

以大众熟悉的OPPO手机为例，该手机品牌的宣传抛弃了"广撒网"的方针，并且巧妙地避开自己的竞争劣势，集中宣传自己的优势，比如像素、闪充等。品牌方将自己的目标客户瞄准到年轻一族的身上，很好地把握年轻人的心理特征，打造出属于自己品牌的产品和服务特色。

图2-5所示为OPPO手机的微信公众平台的相关服务和微商城，OPPO通过该微信平台推出了自己的新款，以及抽奖活动。用户还可以通过该平台直接进入OPPO商城选择自己钟意的产品，受到不少用户的喜爱。

图2-5　OPPO微信公众平台的相关服务和微商城

2.1.4　确定平台类型

在新媒体运营中，首先应该确定运营者所要运营的平台是一个什么类型的平台，以此来决定平台的基调。平台的基调主要包括5种类型，分别是学术型、媒体型、服务型、创意型及恶搞型。

新媒体运营者在做平台定位时，应该根据自身条件的差异选择具有不同优势和特点的平台类型，具体包括以下两类。

（1）自身有足够影响力的平台类型，其特点如下。

- 账号质量比较高。
- 目标用户较集中。
- 运营稳定性较强。
- 大部分内容偏干货和学术范。

（2）足够特别和另类的平台类型，运营者只需找到一个最佳的小的切入口，做该领域的意见领袖。

在新媒体账号运营的过程中，企业、机构和个人平台运营者可通过网红、90后创业奇才、行业意见领袖、BAT背景及学术范这5种途径更好地实现新媒体账号的运营。

★专家提醒★

BAT，B指百度，A指阿里巴巴，T指腾讯，是中国三大互联网公司——百度公司（Baidu）、阿里巴巴集团（Alibaba）、腾讯公司（Tencent）首字母的缩写。

另外，在定位平台内容、选择何种平台类型的同时，还应该对平台的自定义菜单进行相应规划，以便能够清楚地告诉用户"平台有什么"。对自定义菜单进行规划，究其实质，就是对平台功能进行规划，它可从4个维度进行思考和安排，分别是目标用户、用户使用场景、用户需求和平台特性。

值得注意的是，做好平台定位是非常重要的，运营者要慎重对待，因为只有做好了平台的定位，并对其基调进行了确定，才能做好下一步要进行的用户运营和内容运营策略，最终促成平台更好地发展。

2.2　进行内容定位

不论运营者运营的是哪一个新媒体平台，内容定位都是运营者需要面对的一个问题。首先，运营者需要搞清楚自己账号的内容定位是什么，一个好的内容定位是账号运营成功的基础；其次，运营者需要考虑自己应该选择什么样的内容；然后，运营者需要思考自己的内容素材从哪里来，是自己拍摄视频，还是购买有版权的素材或者建立团队来制作素材。

2.2.1 选择内容表现形式

互联网和移动互联网作为一种新的信息传播媒介，它对内容的定位要求是很严格的，不仅要求内容包罗万象，还要通过多种信息载体和多种媒体形式来传达信息。

在网络上，运营者展示内容的方式包括文本、图片和视频等。然而，很多运营者不知道如何对内容进行定位，也不知道要放什么样的内容才能吸引人。

运营者想要做好新媒体运营和营销的内容定位，首先要对内容的表现形式进行选择。运营者只用文本、图片和视频等方式展示内容是完全不够的，想要通过更独特的方式去展示内容，就要对展示方式有一定的了解。

例如，有的运营者就通过炫酷、有趣的HTML5（HyperText Markup Language 5，一种语言描述方式）等方式来展示内容，这些内容展示方式在运营和营销领域中已经火了一段时间了。还有的运营者通过语音的方式来展示内容——每天推送一段带有关键信息的语音内容。

2.2.2 寻找内容素材来源

对新媒体平台来说，不可能每一条图文消息都是原创的，那样既浪费时间又浪费精力。因此，运营者如果想要获得更多的素材，就必须了解几个适宜的素材来源网站。笔者这里介绍两个素材来源网站，如图2-6所示。

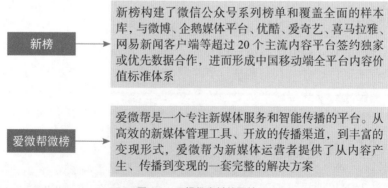

图 2-6　可提供素材的网站

2.2.3　掌握内容收集渠道

运营者要获取内容，除了要注意从相关网站上获取素材，还应该注意从多个渠道获取内容。也就是说，在编辑内容之前运营者需要先弄清楚内容有哪些来源，从而弄清楚向哪些人群收集平台的内容。新媒体内容可以从以下3个渠道来进行收集，如图2-7所示。

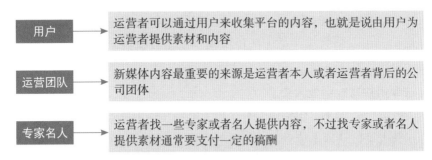

图 2-7　平台内容的提供者

从市面上已经在运营的新媒体平台来看，很多运营者对新媒体账号的运营就是建个账号，然后发布一些与自己的产品有关的广告内容。而通常这种纯广告式的新媒体平台是没有什么价值的，用户的关注度也不高。

建立在满足用户需求上的内容势必更加吸引人。所以，新媒体运营者发布的内容需要满足用户的需求，这样才能达到预想的效果。基于此，关于平台内容的收集一般有哪些方法呢？笔者在此总结了5点，具体介绍如下。

1. 用户反映出来的有关感受

很多用户会通过微信、QQ等社交平台表达他们的不满，也有很多用户通过这些平台表达赞美。运营者千万不能忽视这个环节，完全可以大加利用。

2. 用户行为体现出来的需求

运营者要了解用户需求，这样才能解决用户的问题。要清楚用户在说什么，要留意用户搜索什么产品，并把用户关注的这些问题进行分门别类地整理，然后针对这些问题设计新媒体平台内容。

3. 与产品有关的知识性信息

通常，一段干巴巴的产品介绍、产品说明是无法吸引用户眼球的。这要求运营者对所推销的产品进行知识延展。

很多用户喜欢带有知识性的信息。以酒业为例，运营者如果要推销自己的酒，不能只介绍酒的成分、酒精度是多少、口感如何等。这些固然重要，但是用户更喜欢了解关于酿酒方面的知识，或者关于酒的悠久历史，抑或是关于品酒的小技巧及储存方法等。

4. 带给人优待感的优惠信息

很多用户都是冲着折扣信息去关注品牌信息的，但是把促销信息一窝蜂地发布出来，并不会起到显著的宣传效果。对用户来说，这种内容就像街头路边散发的小广告，他们并不会过多关注，甚至会感到厌恶。

运营者应该避免这种误区，设计一些专门为平台会员打造的活动或优惠活动，让他们产生一种不同于他人的优待感。这样，用户才会有一种被重视的感觉，对新媒体平台也会越来越依赖和喜欢。

5. 分享用户喜欢的他人资源

运营者要做到善于运用资源，分享他人的精华内容来增加平台素材的来源。因此，运营者可以从网上摘录一些经典的文章分享在自己的新媒体平台上，或者收集一些网上最新、最热门的段子，以此迎合用户的喜好。但是，运营者在将这些文章、段子转发到自己平台上时一定要记得注明文章和段子的来源。

2.2.4 避开写作3大误区

随着互联网和移动互联网时代的到来，各种营销信息随之泛滥，太多没有价值的垃圾信息混杂进来，占据大众的视线和时间。要想让自己的内容吸引用户阅读，避开内容写作中的误区是至关重要的。新媒体平台内容写作需要避开3大误区，具体介绍如下。

1. 无创新——内容千篇一律

运营者创作新媒体文案的目的其实只有一个，那就是获取更多用户的关注，在平台的文章当中植入广告也是为了借助内容推销产品。据了解，有99%的运营者把自己的平台内容编写成了路边的宣传单。

如果运营者的平台内容都是千篇一律的，没有新意，也没有趣味，更没有实用价值，用户群是不会关注的，运营者的预期宣传效果也就无法实现了。

2. 太烦琐——信息推送过多

新媒体平台推送信息的到达率还是很高的，特别是微信公众号，它的推送信息达到率可以达到百分之百。因此，运营者乐此不疲，推送过多的信息，造成"轰炸"之势，以为这样能博取用户的眼球。实际上，这些运营者忽略了一个阅读率，用户群体虽然收到了这些平台的消息，但并不会一一点开查看。

过多的垃圾信息只会让用户心烦，他们可能会产生逆反心理，不去翻阅，那么运营者的很多消息并没有真正地被用户接受。

3. 无技巧——广告硬性植入

不少运营者的用户人数众多，运营者急于宣传，于是在平台信息中硬性植入广告——对技巧和内容要求相对较低，没有多少技术含量，完全没有考虑到用户的感受。这种广告事实上也不会收到多少效果，只会让用户厌烦，运营者最后得不偿失。

2.3　进行形象包装

个人IP的品牌建设是个人商业模式的阶段性目标，并且个人IP打造成功之后也有下一步的发展目标，即扩大IP的商业化和实现品牌的企业化。

俗话说："有了金刚钻才敢揽瓷器活。"这里的"金刚钻"指运营者的个人商业模式，而"瓷器活"是指引流变现能力。本节主要向读者介绍在自媒体时代打造高端个人IP品牌的6项素质修炼，帮助大家进行形象包装，赢得用户的好感，增加信任感，提升自己的存在感。

2.3.1　账号名称

在自媒体平台中，拥有一个得体又很有特色的账号名称是非常重要的，对普通人来说可能这个名称无关紧要，只要自己高兴便好。但对自媒体的运营者来说，就要仔细斟酌，再三考虑。因为每个运营者都有着自己的目标，要呈现出独特的理念才行，因此账号名称一定要有很高的识别度，要打造出一个"网红"名字，把运营者变成"网红"。

账号名称的总体要求是，告诉大家你是谁，以及你是做什么的。同时，账号名称还要考虑两点：易记、易传播，把握好要点才能起个满意的名称，如图2-8所示。

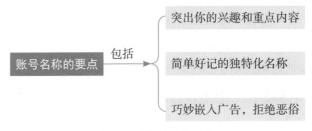

图 2-8　账号名称的要点

在起名的时候还要避免下面这些误区。

- 没有汉字，全是符号。
- 使用繁体字和负能量字眼。
- 名字前面加很多A。
- 名字太长，没有重点。

说了这么多的要点，其实还是建议起个简单好记的账号名称，如笔者大部分自媒体平台的账号名称就是自己的名字，这样做主要有以下两点好处。

- 增加信任度：让用户有一种亲近的感觉。
- 方便用户记忆：让人难以忘记。

其实使用自己的真名对增加粉丝信任度是很有帮助的，因为自己的银行卡和支付宝账号都是实名制，用户看到的是真实名字，会产生好感。如果不想让自己的名字变得众人皆知，可以使用自己的网名，也不失为一个好方法。

★ 专家提醒 ★

需要注意的是，直接使用广告作为账号名称的话，其实是很危险的，要慎用。因为用户的眼睛是雪亮的，一旦看到广告就会产生一种排斥心理。

2.3.2　个人头像

除了账号名称，自媒体的个人头像应该是最惹人注意的了。在我们的微信好友列表中可以看到，朋友们的头像通常是多种多样的，而不同的头像有着不同的心理活动。在表示不同心理活动的头像设置环境下，拥有一个别出心裁的头像，能够得到用户的好感和信任感。

- 用生活照作头像：对自己的接纳度较高。
- 用证件照作头像：中规中矩。
- 用艺术照作头像：有较强的自我中心倾向。
- 用童年照作头像：较感性，觉得过去美好。
- 用家人照片作头像：有很强的依赖性。
- 用卡通图片作头像：思维较开阔。
- 不用头像：性格较粗犷。

个人头像设置也是有技巧的，要根据自己的定位来进行设置，主要从几个方面着手，如图2-9所示。

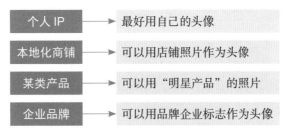

图 2-9　自媒体头像设置的技巧

　　而大部分运营者通常选择使用自己的照片作为头像，如图中的"胡华成"企业家，就采用了这种方式，如图2-10所示。这样做更具有真实性，会增强好友的信任感，自媒体个人商业模式的核心是人与人之间的关系，要建立起人与人之间的信任，用自己的照片再合适不过了。

图 2-10　某企业家的公众号和微博头像

2.3.3　个性签名

　　所谓"个性签名"，即能充分表现自己的话语（签名），是在自媒体平台上展现个人信息的重要内容，如图2-11所示。

图 2-11　个性签名简介

个性签名会给用户留下第一印象，所以运营者要特别注意自己的个性签名。例如，在微信中，个性签名会显示在通讯录里面，在好友搜索到你，将要添加你的时候，肯定会查看你的个人信息，这时候个性签名就是一个"加分项"。

在个性签名里最好不要直接出现产品信息，个性签名的内容就好比现实生活中名片的文字介绍，在很大程度上决定了你能够获得的粉丝数量。只有那些自然、大气的文字介绍，才会吸引别人的注意，引起别人和你继续沟通的兴趣。

2.3.4 封面背景

在微信朋友圈、微博、抖音、快手等自媒体平台中，都需要设置背景墙封面，这是一个与昵称和头像不一样的个性设置场所，其特点如图2-12所示。

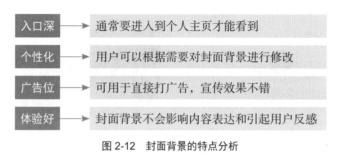

图 2-12 封面背景的特点分析

从位置展示的出场顺序来看，说头像是自媒体人的第一广告位这话不假，但如果从效果展示的充分度而言，背景墙图片的广告位价值更大。为什么这么说？因为其尺寸大，可以放大图和更多的文字内容，更全面、充分地展示我们的个性、特色、产品等，完美布局。

例如，微信朋友圈中的背景墙照片，其实就是头像上的背景封面，如图2-13所示。这张背景墙照片的尺寸为480×300左右，因此大家可以通过"图片+文字"的方式，尽可能地将自己的产品、业务、特色、成就等内容在此处充分展示出来。

2.3.5 地理位置

例如，在抖音、微信朋友圈、微博等平台发布内容的时候，都可以添加自己的地理位置。更特别的是，运营者可以通过这个功

图 2-13 微信朋友圈中的背景墙照片示例

能，给自媒体运营带来更多的突破点。如果利用得当，甚至可以说给自己又免费开了一个宣传广告位。

下面以朋友圈为例，介绍在动态内容中添加地址信息的操作方法。

步骤01 编辑一条"朋友圈"信息，并点击"所在位置"按钮，进入"所在位置"界面，点击"搜索附近位置"按钮，并输入一个地理位置进行搜索，在弹出的搜索结果中点击相应的按钮，如图2-14所示。

步骤02 执行操作后，弹出"创建位置"界面，可以填写地点、品牌、宣传语等，下面还可以带上电话号码方便对方联系商户，如图2-15所示。点击"完成"按钮，朋友圈地址信息添加完毕。

图 2-14　点击相应的按钮

图 2-15　填写位置信息

★ 专家提醒 ★

一个真正成功的自媒体个人商业模式运营者，应该能够合理利用每一个小细节来进行自我宣传，地理位置信息这个小细节的难度并不高，仅仅是利用微信中的自定义位置功能，就能够成功设置得当。

2.3.6　招牌动作

无论在哪个时代，一个具有远大理想、勇于拼搏、敢于奋斗的人会更容易引起人们的关注和鼓励。因此，运营者在自媒体平台上一定要形成自己独特的标签，除了头像、名称和背景等账号设置，运营者还可以养成自己的"招牌动作"，来加深用户对你的记忆。

运营者一旦设计了自己的招牌动作，就需要在每次有曝光机会的时候都使用这个招牌动作。因为如果招牌动作只出现一次，是不会被用户记住的，想要让自己的招牌动作深入人心，就必须增加它的曝光次数。

例如，短视频创作者"多余和毛毛姐"因为一句"好嗨哦"的背景音乐而广为人知，其短视频风格能够带给观众一种"红红火火、恍恍惚惚"的既视感，有趣的内容不仅让人捧腹大笑，而且还可以让心情瞬间变得好起来，在抖音平台上吸引了3000多万粉丝关注。

当你的招牌动作出现次数比较多的时候，很容易在用户脑海中起到"视觉锤"的作用，以后用户只要看到这个动作，就会联想到你。不过运营者要注意，招牌动作尽量设计得简单有特点，太复杂的动作拍照合影也会很麻烦。

★ 专家提醒 ★

运营者要让别人觉得你积极向上，有很强的上进心，一直在努力奋斗，感受到你个人的热情与温暖。这样，你不仅能够激励用户，并且还能提高他人对你的评价与看法，吸引人们的关注，让大家更加信任你，支持你的事业。

2.4 打造个人品牌 IP

全民创业时代，"得IP者得天下"，你有自己的IP了吗？

互联网就像是一个放大镜，它不仅拓宽了我们的视野，也放大了我们每个人的欲望。我们可以使用现在流行的问答形式，来问自己。比如，我们发现网上都是月入过万的用户，月入十万的也多如牛毛。看到这些用户之后，我们可以自问一番："凭什么我现在还拿着几千元的工资？"

自己可以给出答案："我不想这样继续下去了，我要创业，可是我手头只有十几万怎么创业呢？现在随便租个店铺，进点货都是几十万的成本，十几万恐怕只够交房租的。"

但是，创业不一定需要大量的资金。现在已经是自媒体时代了，只需一根网线、一部手机、一台电脑就可以创业。自媒体时代为我们每个人打开了低成本创业的大门。

但门槛越低的创业，就意味着竞争越激烈，那么我们如何让自己在这个时代分一杯羹，最重要的就是打造自己的强IP，让别人一下就能想到你。

本节将为大家介绍打造个人品牌IP的技巧。

2.4.1　找到自己的风格

每个人都有自己的优点，只是有时候自己很难发现。

在自媒体时代，我们最主要的任务就是做自己擅长的事情，因为在这个"时间就是金钱"的时代里，没有太多时间和机会去学习太多的技能。

如果你唱歌特别好，那就把自己唱歌的视频录好，然后发送到多个平台；如果你会跳舞，那就只发给粉丝跳得最好的舞蹈；如果你别的都不会，但是发现养猪特别在行，也可以在网上分享你养猪的心得或者视频，毕竟现在的猪肉价格比较高，恐怕看的人也不会少。

因此，要打造个人品牌和超级IP，必须去做自己擅长的事情，切忌盲目地跟风模仿。例如，当你看到网红分享的口红很火，就去模仿他们拍涂口红的视频；接着你又看到"代古拉k"跳舞好看，又去模仿她拍跳舞的视频。最后，一顿折腾下来，不仅没有多少粉丝，而且还会让你变成一个"四不像"。

一个真正的个人IP，都有自己鲜明的风格，只有这样才能被大众记住。所以，运营者应该在自己的专业领域去突破创新，在这个过程中打造属于自己的风格特色，才能吸引用户关注。

2.4.2　在某个领域深耕

如今，由于平台的同质化越来越严重，因此用户对于平台的依赖性正在逐渐降低，转而更加关注运营者和产品本身。在这种情况下，各个细分领域的行家拥有更多的粉丝和流量，代表着他们的主动性更强，更有能力实现变现。

普通人要想打造个人IP，首先需要一个明确的定位，也就是你能为用户带来什么价值。因此，在明确自己特长的前提下，运营者需要找好自己的定位。例如，你目前做的是职场领域，还是职业教育等，一定要在某个垂直领域，进行内容的深耕。

选好领域后，就要定位自己内容的目标人群。因为我们尽心尽力做这么多内容，不仅仅是为了自己看的，而是要进行商业变现。例如，用户对母婴产品及产业链很清楚，则可以围绕着母婴话题展开内容，那么毫无疑问目标用户就是"宝妈宝爸们"；如果用户的内容定位为"养生"，那么则要瞄准中老年市场。

个人IP需要找到自己的精准目标客户群体及其痛点需求，这是因为弄清楚了这一问题，可以有以下两个方面的好处。

• 可以帮助自己生产出更符合用户需求的内容或产品，这样的产品自然能够成为最受用户欢迎的产品。同时，这样的产品也是最具市场竞争力的产品。

• 可以帮助自己在后期的商业宣传、推广过程中，更有针对性地去进行推广，减少宣传、推广过程中一些不必要的事项，从而达到更好的推广效果。

运营者首先要找准用户的全部需求，然后针对需求确定产品的主要功能。接下来根据目标用户群体的偏好选择优先打造的内容或产品。最后确定用户对产品形成的核心需求。明确定位的相关技巧如图2-16所示。

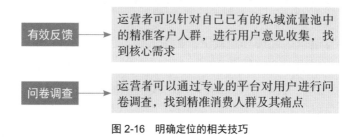

图 2-16　明确定位的相关技巧

当明确了价值观后，运营者才能更轻松地做出决定，对内容和产品进行定位，然后朝着一个方向努力，突出自身独特的魅力，从而得到用户的关注和认可。个人IP运营始终要明白一个道理，你是一个怎样的人并不是最重要的，重点在于在别人眼中的你是个怎样的人。因此，明确定位是为了形成精准的用户画像，找到个人标签，从而告诉别人你是谁，对他有什么作用和价值。

2.4.3　打造个人的辨识度

在有了较好的定位之后，那么接下来要做的就是让别人彻底记住你，最好是像某些博主一样，达到让大家看到小狗就能想到小潮院长、一听到"diu diu diu duang"就能知道是陈翔六点半。

用户可以针对抖音、快手等自媒体平台上一些极具辨识度的"网红"进行研究，你会发现他们都有自己专属的口头禅或者固定开场语。这是多余的吗？当然不是，因为这都是他们的团队早就设计好的。

之所以一遍又一遍地重复，就是为了加强自己的IP独特性。例如，"虎哥说车"惯用的开场语为："很多网友留言说想看**车，今天它来了；别问落地价，因为**无价。"或者某网红主播经常说的："Oh my god，这也太美了吧？"他那夸张的表情，目的就是为了强化自己的IP。

这样做有什么好处？人们只要听到这句话，就会立马想到那个对应的人。如果说这句话的不是对应的人，人们立刻就能想到他是在模仿哪个"网红"。这就是IP的辨识度，让你在无形之中产生影响力，这也是自媒体运营成功的基础。

当然，如果你只想做一个小"网红"，只需要每天去网上露个脸，刷一下存在感即可。但是，如果你想打造个人IP，还需要学会推广和运营自己，培养有辨识度的人格化IP气质，具体如图2-17所示。

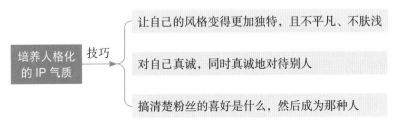

图 2-17　培养人格化的 IP 气质

俗话说："小胜在于技巧，中胜在于实力，大胜在于人格。"在互联网中这句话同样有分量，那些已经成名的个人IP之所以能受到别人的欢迎、容纳，其实这也从侧面说明他具备了一定的人格。

2.4.4　打破观众的认知

如果运营者都是中规中矩地出现在各行各业中的，很容易掩盖自己的闪光点。如何才能快速提高自己的知名度？那就是需要打破人们的认知。

还是拿口红来举例，人们一般会以为口红肯定是女生的专利，哪有男生涂口红的？其实不然，某美妆男博主就专门从这个角度出发，打破了人们传统的认知，因此他才会被人们快速记住。

打破认知，说白了就是故意造成人们认知的反差，从而让你更具有话题性，并使其成为你的标志。举个例子，一般卖猪肉的都是特别彪悍、特别强壮的人，而你派一个穿着职业装的美女挥着大刀去卖肉，很容易让人们记住，这就是颠覆认知。

2.4.5　持续输出优质内容

在有了以上4个个人IP的属性之后，运营者还需要最后一个属性做升华，那就是具备持续输出优质内容的能力，快速实现内容的变现，打造自媒体个人商业模式的闭环。运营者要提升流量，吸引用户关注，提升用户的留存率，必须有足够优质的内容，这是实现这些目标的基础，也只有如此才能让个人IP持续获得用户的认可。因此，运营者必须定期更新内容，最好与热点接轨，但是要注意尺度。否则，徒有如此多的粉丝而不能变现，也会让你的个人商业模式陷入困境。

　　个人IP的内容多以文字、图片、语音、视频等形式来表现主题，如果想要自己的内容脱颖而出，就必须打造符合用户需求的内容，做好内容运营，用高价值的内容来吸引用户、提高阅读量，从而带来更多的流量和商机。

第 3 章
引流吸粉：构建私域流量池

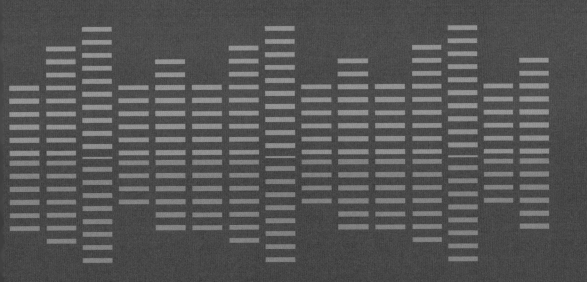

　　搭建全媒体矩阵，关键是吸收更多的用户群体，而面对众多的新媒体平台上庞大的用户流量，如何将公域流量转化为私域流量，促使流量变现，是当下企业需要关心的问题。

3.1 了解流量的类型

私域流量，是相对公域流量的一种说法，其中"私"指的是个人的、私人的、自己的意思，与公域流量的公开相反；"域"指的是范围，这个区域到底有多大；"流量"则是指具体的数量，如人流数、车流数或者用户访问量等，后面这两点私域流量和公域流量都是相同的。

3.1.1 公域流量

公域流量的渠道非常多，包括各种门户网站、超级App和新媒体平台。下面列举了一些公域流量的具体代表平台，如图3-1所示。

图 3-1 公域流量的具体代表平台和流量规模

从上面这些平台的数据可以看到，这些平台都拥有亿级流量，并且通过流量来进行产品销售。它们的流量有一个共同特点，那就是流量都是属于平台的，都是公域流量。商家或者个人在入驻平台后，可以通过各种免费或者付费方式来提升自己的排名，推广自己的产品，从而在平台上获得用户和成交。

　　例如，歌手可以在QQ音乐上发布自己的歌曲，吸引用户试听，然后用户需要通过付费充值会员才能收听完整版歌曲，歌手则可以赚到盈利，如图3-2所示。

图 3-2　QQ 音乐 App

　　我们要在公域流量平台上获得流量，就必须熟悉这些平台的运营规则，具体特点如图3-3所示。

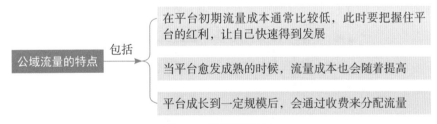

图 3-3　公域流量的特点

　　因此，不管你做什么生意，都需要多关注这些公域流量平台的动态，对于那些有潜力的新平台，一定要及时入驻，并采取合适的运营方法来收获平台红利。一旦你在平台的成熟期进入，那么你就要比别人付出更多努力和更高的流量成本。

　　对企业来说，这些公域流量平台最终都是需要付费的，你赚到的所有钱也都需要给它们分一笔。而对那些有过成交记录的老顾客来说，这笔费用就显得非常不值。当然，平台对用户数据保护得非常好，因为这是它们的核心资产，企业想要直接获得流量资源非常难。这也是大家都在积极将公域流量转化为私域流量的原因。

3.1.2 私域流量

对于私域流量，目前并没有统一的具体定义，但是私域流量的确有一些共同的特点，如图3-4所示。

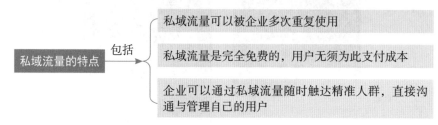

图 3-4　私域流量的特点

例如，对微博来说，上到热门头条后被所有微博用户看到，这就是公域流量；而通过自己的动态页面，让自己的粉丝看到微博内容，这就是私域流量。例如，《人民日报》的微博账号共有1.51亿粉丝，都属于它的私域流量，如图3-5所示。

图 3-5　微博的个人粉丝是属于自己的私域流量

据悉，微博2023年3月的月活跃用户数达到5.5亿，平均日活跃用户数达到2.41亿。企业和自媒体人可以通过微博来积累和经营自己的粉丝流量，摆脱平台的推荐和流量分配机制，从而更好经营自己的资产，实现个人价值和商业价值。

对于公域流量，私域流量是一种弥补其缺陷的重要方式，而且很多平台还处于红利期，可以帮助企业和自媒体人补足短板。

3.2 私域引流的方式

做电商必须有客户，否则你的产品将无人问津，事业肯定也就得不到发展。因此，电商创业必须有流量场景，才能够将自己的货卖出去。运营者可以通过短视频、直播及自媒体等方式来圈粉，然后将这些粉丝导入自己的微信、社群，并且积极与粉丝互动，强化彼此的关系，将私域流量池中的粉丝变成忠实客户。

3.2.1 通过短视频吸粉引流

运营者可以通过优质的短视频内容实现持续吸粉，并结合自己的实际情况和自身定位，来寻找合适的创业项目或者卖产品来变现。

例如，抖音和快手上面有很多卖服装的"大V"，他们的店铺月利润甚至能达到百万，而且真正做到这个程度也只需要半年左右的时间。这些"大V"的经营模式也比较简单，通常就是"批发市场进货+短视频引流+直播卖货"的模式，生意非常火爆，如图3-6所示。

图 3-6 抖音上的服装店铺

很多人认为自己没有项目或者没有产品，因此做起来畏首畏尾，发视频也是三天打鱼两天晒网，毫无目的，这样当然很难取得成功。其实，大家可以多看看那些热门的视频作品，或者多关注一些同行同类型的"大V"，看看他们是怎么做成功的，从他们身上可以学到很多成功的经验。至于产品，如今网上的产品非常多，如果你觉得不够放心，也可以去批发市场或者工厂直接找货源。

短视频运营的投入非常低，资金方面基本上没有什么要求，只要有一部智能手机，即可开始吸粉。但是，难的是你需要坚持，坚持每天拍短视频，坚持和粉丝互动，有了流量才能变现。

3.2.2　通过直播吸粉引流

如今，"直播+短视频"早已不是新鲜玩法，做直播的平台都惦记着短视频的流量，而做短视频的也都想利用直播实现变现。快手、美拍、火山小视频等短视频平台都先后上线了直播功能。

做直播的首要目的毫无疑问是获取用户，如果没有用户，就谈不上私域电商的运营和变现。在直播运营的过程中，一定要注意视频直播内容的规范和要求，切不可逾越雷池，以免辛苦经营的账号被封。另外，在打造直播内容、产品或相关服务时，用户首先要切记遵守相关法律法规，只有合法的内容才能得到承认，才可以在互联网中快速传播。图3-7所示为直播吸粉的相关技巧。

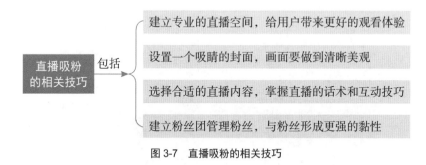

图 3-7　直播吸粉的相关技巧

3.2.3　通过自媒体吸粉引流

当社会信息化进入移动智能时代，每个人都可以成为信息的传播者，信息的发布越来越简易化、平民化、自由化，自媒体便应运而生。在自媒体传播中，我们总是能因为一些消息而狂热讨论，也希望自己的发言能得到别人的关注和认同，并且在自媒体的运营中还存在非常可观的利益前景和商机，使自媒体变得炙手可热。

自媒体是一种私人性质的传播介质，通常以个人为单位，依靠手机、电脑等简单的工具，结合QQ、微信、微博、贴吧、网络社区等平台就可以进行操作运营，非常简易、自主。

自媒体也可以算是生活、娱乐行业的一个组成部分，粉丝经济在自媒体的经营中同样表现明显。自媒体运营中有两个方面能够产生直接价值，一是文章阅读流量的转化，二是自媒体提供产品服务，这两个方面都要依靠粉丝的直接价值奉献。

3.3　掌握内容营销方法

流量的关键在于用户，而要想吸引用户就必须从内容或产品入手，学会内容营销，这样才能获得大量的流量，也才能搭建私域流量池。本节就来讲述内容营销的方法和注意的要点。

3.3.1　正确认识内容营销

想要较为全面、完整地了解和认知内容营销，就得知道什么是内容营销？如何正确定义流量？如何对待精准流量和泛流量？接下来笔者就为大家逐一分析这几个问题。

1. 内容营销的定义

所谓内容营销，是指通过图片、文字、视频等媒介传播相关内容信息给目标用户，以促进销售的进程，达到营销的目的。其所依附的载体各有不同，如画册、网站、广告等。虽然不同载体的传播媒介不一样，但它们的内容核心是一致的。

内容营销不仅仅是发布广告文案那么简单，它需要我们高度重视，投入时间和精力去做好内容的创作，打好持久的舆论战。获得用户关注、赢得用户信任是内容营销的核心，内容是获取流量的关键，也是确定和连接目标用户的关键。

要做好内容营销，就得让用户知道你的身份和职业，以及你能够为他提供的利益和好处，然后坚持不懈地运营下去，久而久之就会积累一大批粉丝。

在内容营销中，交易、成交的频率是比较低的。所以，我们要靠内容输出的频次来弥补，通过高产的内容来赢得用户的好感与信任。在如今这个消费升级的时代，内容营销逐渐成为一种传播的方式，也是企业营销的战略。

企业或个人要想做好营销，就必须利用各种社交媒体平台，在这些平台上输出优质的内容来连接用户。然后再通过内容来筛选用户群体，将筛选出来的精准用户引流到个人微信或微信社群，搭建私域流量池来经营用户。

例如，小米的营销模式就基于这套方法论。如今，小米MIUI的用户人数已经达到3.1亿，小米科技董事长兼CEO雷军的抖音粉丝也达到了1000多万，如图3-8所示。这些用户和粉丝都是小米的私域流量，小米以其独特的社区粉丝文化实现了高度的用户黏性，利用粉丝的力量去宣传公司的产品和品牌。

塑造特有的粉丝文化是小米营销成功的重要原因，正如雷军讲的那句话："因为米粉，

图3-8 雷军的抖音主页

所以小米。"通过"米粉"这个巨大的私域流量池才能够持续地进行变现。

综上所述，搭建私域流量池的流程主要分为3个步骤和环节，即：连接用户、筛选用户和经营用户，而搭建私域流量池是内容营销的根本目的。

2. 流量的正确定义

在现在这个互联网的商业化时代，做生意的关键在于流量，特别是精准的流量。有流量，产品才会有销量，流量是产品销量的支撑和保证。当然，获取流量并不是最终的目的，最终的目标是为了变现和盈利。所以，我们要通过跟客户建立感情，使其转化为精准的流量。

我们在寻找流量的过程中，一定要注重流量的精准性。也就是说，要把目光锁定在那些高度精准的流量上。因为精准流量的转化率要比普通流量的转化率高得多，只有找到精准的目标客户人群，才能做好营销，也才能实现流量变现。

3. 精准流量和泛流量

相对于泛流量，精准流量数量较少、转化率高、价格成本高，而泛流量的数量虽多，价格便宜，但转化率很低，对产品营销的作用不是很大。举个例子，在路边开店营业的店铺，每天从店铺前路过的人流量就相当于泛流量，而那些走进店铺进来了解的人可以称之为精准流量，因为他们是有意向才走进店里进行了解。

所以，我们要把重心和精力放在那些精准流量上面。可以这么说，所有的人都可以被称为流量，但是我们需要的只是对产品有需求、有意向的精准流量。

内容营销的过程就是获取精准流量，然后用内容去转化用户，将他们从公域流量平台引流到自己的私域流量池中。在内容营销的过程中，很多人喜欢追求阅读量、粉丝量、点赞量这种泛流量。实际上，这种流量的转化率很低，只有真正主动来找你，并能够建立深度联系的流量才具有价值，一个精准的流量能抵得上几十个泛流量，这一点笔者在做网络营销时深有体会。

在如今高速发展的网络营销时代，泛流量的价值和作用越来越小，只有搭建好自己的私域流量池，才能利用精准流量持续不断地变现。

3.3.2　拓展内容来源渠道

我们在进行内容营销时，需要注意以下3个方面，如图3-9所示。

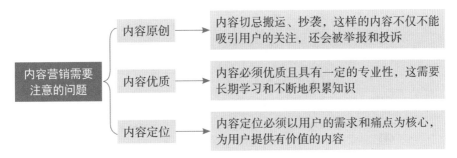

图 3-9　内容营销需要注意的问题

了解了内容营销需要注意的问题之后，笔者想问大家一个问题：营销的内容从哪里来呢？对于这个问题，笔者根据自身的经验，总结了内容的来源渠道，主要有以下4个方面，如图3-10所示。

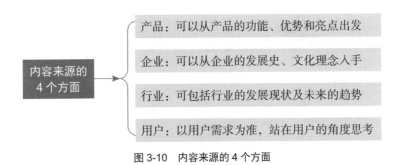

图 3-10　内容来源的4个方面

有的内容营销者实在不知道如何寻找内容素材，这就说明你平时积累得不够，还需要不断地学习和充实自己。因为，俗话说得好："台上一分钟，台下十年功。"只有通过不断地学习和积累，肚子里面才"有货"，才能源源不断地输出优质内容，真正做到输入等于输出。

例如，自媒体内容创作者"半佛仙人"，不仅自己独立运营两个公众号，且每个公众号都已经发布了几百篇原创文章，而且在B站、微博、知乎都有账号，用他自己的话来说就是"这是一个神奇的男人，你完全猜不出他会写出什么，他自己也不知道"。他之所以能够持续不断地输出如此之多的优质内容，完全得益于他十几年的知识积累和写作经验。

图3-11所示为"半佛仙人"的知乎主页。

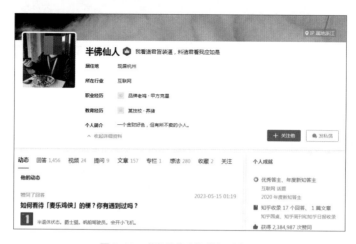

图 3-11　"半佛仙人"的知乎主页

图3-12所示为"半佛仙人"的微博个人主页。

图 3-12　"半佛仙人"的微博主页

3.3.3 内容传播

在朋友圈发布信息时，我们要注重传播效率的提升。也就是说，要让自己的内容最大限度地被别人看到。要想做到这一点，就必须对内容进行布局，布局内容之网。所谓内容之网主要包括以下3个模块，如图3-13所示。

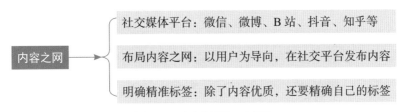

图 3-13 内容之网的 3 个模块

在内容之网的模块里，最重要的就是明确精准标签。所谓明确精准标签，也可以称为"强化IP记忆点"。例如，公众号"手机摄影构图大全"的创始人构图君是一位摄影作家，这是他给自己定的标签。

为了强化自身的标签，他每天都在朋友圈和微信公众号发布有关摄影构图的技巧及作品，用丰富的内容来支撑和证明自己的标签。他还做了很多条IP记忆点，即浓缩的内容精华、观点、金句来强化受众对他的印象和认知，这样就大大提高了内容营销的效率。

图3-14所示为"手机摄影构图大全"公众号的文章列表。图3-15所示为"构图君"的朋友圈动态页面。

图 3-14 "手机摄影构图大全"公众号

图 3-15 "构图君"的朋友圈动态

总而言之，提高内容营销效果的方法就是将IP记忆点植入到内容中，关于IP记忆点的应用早在传统媒体的电视广告中就已经存在。例如，"怕上火喝王老吉""充电5分钟，通话2小时"等，这些经典的广告词之所以让我们记忆犹新，就是因为它成功地塑造了IP记忆点。图3-16所示为VOOC闪充技术的广告宣传海报。

图 3-16　VOOC 闪充技术的广告宣传海报

3.3.4　营销事项，3个要点

我们在做内容营销的过程中，一定要注意以下几点事项，只有这样才有可能做好内容营销，具体内容如下。

1. 让客户主动找你

内容营销最好的效果是让客户主动来找你，而不是你去找客户。要想达到这样的效果，就必须事先做好以下3点，如图3-17所示。

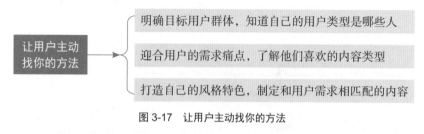

图 3-17　让用户主动找你的方法

2. 摒弃"流量思维"

前面笔者讲过，做内容营销不仅仅是发文案那么简单，不要一味地追求阅读量、推荐量和粉丝数，企业需要的是那种精准的流量，而不是表面的泛流量，只有精准的流量才能为企业带来收益和利润。

3. 不触碰规则底线

在发布营销内容时，要特别注意以下两点，具体内容如下。

- 内容要健康正面，要符合社会主流的思想价值观。
- 不要违反国家相关法律法规和平台的监督规则。

3.4　搭建私域流量池

在了解了流量的类型，以及私域引流的方式和内容营销方法后，最重要的是知道如何将公域流量池的用户转化至自己的私域流量池。只有真正地提高用户的转化率，才能搭建好并扩大私域流量池。本节将为大家介绍搭建私域流量池的具体方法。

3.4.1　获取精准流量

我们在做营销推广时，只有获取精准流量才能提高用户的转化率。所以，获取精准流量的过程实质上就是让用户主动联系我们的过程。

有时候，即使你输出的内容非常优质，也很难获取精准流量。因为在如今这个信息泛滥的时代，人们的注意力十分有限且分散。所以，光有好的内容是不够的，还需要提高内容传播的效率和提升内容营销的效果。那么，具体该怎么做呢？笔者根据自身的经验总结了以下3个方法，如图3-18所示。

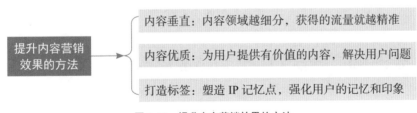

图 3-18　提升内容营销效果的方法

通过这些方法，能获取到高意向的精准流量，因为我们提供的内容符合用户的需求，这样用户就会主动联系我们进一步了解产品。

3.4.2　获取用户信任

对营销推广人员来说，取得用户的信任是完成产品销售的关键。而建立信任是一个比较缓慢的过程，人与人之间的信任感是需要长期培养的。

在营销推广的过程中，如果用户愿意主动加你微信或者其他联系方式，那就说明你已经取得了用户的一部分信任，或者说他对你的内容感兴趣，符合他的需求和痛点，所以想进一步了解你的产品和服务。

在企业初创时期，用户的信任和支持对企业的发展影响巨大。例如，小米基于Android系统深度优化、定制和开发的MIUI系统正式开启内测，第一次开始内测时，参与的用户只有100个人，小米创始人雷军称他们为"梦想的赞助商"。

小米公司还特地拍了一部名叫《100个梦想的赞助商》的微电影向这最初的100位用户表示致敬，如图3-19所示。正是因为这些用户和粉丝对小米和MIUI的信任、支持，才有了小米如今的成就。

图 3-19　微电影《100 个梦想的赞助商》

营销的关键是和用户建立信任关系。那么，具体该怎么做呢？笔者就以微信为例，结合自身的经验给大家提供以下几点建议，如图3-20所示。

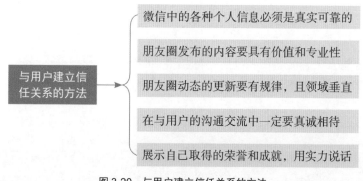

图 3-20　与用户建立信任关系的方法

3.4.3　打开公域流量池

各大主流平台都拥有上亿的流量，这些公共流量平台被称为公域流量池，而我们的任务就是要在公域流量池和私域流量池之间修建"流量之渠"，将公域流量引流到自己的私域流量池中。

前面笔者提到过，搭建私域流量池主要分三步走，第一步是用内容去连接用户；第二步是用有针对性的内容对用户进行筛选，从而找到自己的目标用户群体，获得精准的流量，当然第一步和第二步可以同时进行；第三步就是将筛选过的精准流量引流到个人微信号和微信群，搭建起自己的私域流量池，从而更好地经营用户，促成转化，实现流量变现。

3.4.4　经营现有的用户

在私域流量池中，流量是我们自己的，别人一般很难获取，自己拥有很大的处置权。搭建私域流量池是为了更好地经营现有的用户，可以解决用户留存的问题，在很大程度上避免了流量的损失和浪费。

在这个流量成本日益剧增的时代，搭建私域流量池是个人或企业不可避免要进行的营销战略转型。从利益的角度来讲，在私域流量池中经营客户可以最大限度地利用客户的价值，实现多次变现，从而使收益和利润最大化。

3.4.5　保证产品质量

在产品营销的过程中，只有为消费者提供真正好的产品，才能获得消费者的青睐，才能获得不错的销量，也才能占据市场份额。那么，什么样的产品才算是好产品呢？笔者觉得好产品应该符合以下几个标准，如图3-21所示。

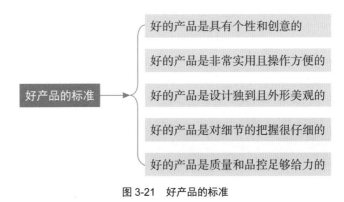

图 3-21　好产品的标准

例如，苹果手机就是这样一个专注于打磨产品的企业。在产品定位上，苹果主张时尚、简约的产品战略路线，无论是在外观设计上，还是在功能配置细节打磨上，都能体现创始人乔布斯的工匠精神。他始终认为产品和营销相比，产品才是最重要的，产品本身是会说话的，所以经由他亲自打造的产品都是优秀的经典之作。

图3-22所示为iPhone14 Pro手机的产品宣传海报。

图 3-22　iPhone14 Pro 手机的宣传海报

iPhone14 Pro手机是iPhone14手机的升级版，从这款产品我们可以了解升级型产品具有以下这些特点，如图3-23所示。

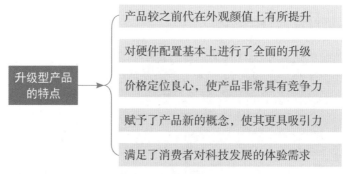

图 3-23　升级型产品的特点

对营销来说，最重要的是抓住用户的心，所以企业要从为品牌代言的营销思维转变为为用户代言的营销思维。在这方面，江小白这个品牌就做得很好，通过一个个走心的文案场景，引起受众内心的情感共鸣。它抓住了用户的心理需求，巧妙地将品牌文化和用户结合在一起，越来越多的人借"江小白"来抒发和表达自己的情感，实现了品牌为用户代言的目的。

不仅如此，江小白品牌还通过《我是江小白》系列动漫塑造"江小白"作为新青年文化的代表，实现了品牌的IP化和人格化。图3-24所示为江小白官网的《我是江小白》系列动漫IP的页面。

图 3-24　《我是江小白》动漫

如果将产品用数字来表示，那就是1；将流量用数字来表示，那就是0。没有这个1，有多少个0都没有用，而有了1之后，则后面的0越多越好。所以，对营销来说，产品才是最终的核心，在做好产品的基础上去获得源源不断的精准流量，这样的营销才是最成功的。

3.4.6　打造个人私域流量池

于个人而言，打造私域流量池的方法主要分为5步，分别是养号、引流、人设、转化、管理。接下来笔者一一进行分析和讲解。

1. 注册养号

个人要想打造私域流量池，首先就得注册一个微信号，然后慢慢地进行养号。所谓养号就是养账号的权重，它会随着你注册的时间而增加。但新手小白需要特别注意的一点就是，不要一开始就急于求成，进行一些违反平台规则的操作，这样会导致账号被举报甚至被封禁。

当然，除了自己注册微信号，还有一种途径就是去交易平台上购买现成的微信号。这种微信号一般都有一定的账号权重，有的甚至还有现成的流量资源。

2. 吸引流量

有了微信账号之后，就相当于已经把私域流量池建好了，接下来要做的就是从其他的平台把流量引流到个人微信号中，也就是"往池子里面蓄水"。关于引流的模式主要有3种，如图3-25所示。

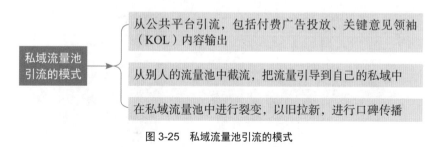

图 3-25　私域流量池引流的模式

了解了私域流量池引流的主要模式之后，接下来笔者就对这几种模式进行详细地分析，具体内容如下。

（1）KOL内容输出

所谓KOL，指的是关键意见领袖，是一种营销学概念，也就是领域专家的意思。我们可以利用自己所学的专业知识，在百度贴吧、知乎、微博、B站等公共平台上进行内容分享，回答和解决受众的问题，慢慢积累人气和粉丝。

长此以往，受众就会对你产生一种信任和佩服之感，这时候你就可以在内容中留下自己的微信联系方式，让受众主动加你。

例如，知乎自媒体领域某大佬在主页的个人简介中留下了自己的微信公众号进行引流，如图3-26所示。

图 3-26　某关键意见领袖的知乎个人主页

至于付费广告投放，这种方式的引流成本比较大，不适合个人操作，一般在企业的营销运营中比较常见。所以，笔者将在企业私域流量的内容中进行介绍。

（2）截流

所谓截流，就是在别人的私域流量池（QQ群或微信群）中，利用小号作掩护，获取其用户的联系方式，然后再用自己的QQ或微信号一个个去添加好友，以达到引流的目的。这种方式在同行竞争中十分常见，而且效果显著，屡试不爽，不过在截流的过程中要小心谨慎，尽量不要被发现。

（3）流量裂变

最后一种模式是流量裂变，这种引流的玩法除了需要产品本身和服务足够优质，还需要对客户进行情感的维护，和客户交朋友，增加他对你的信任。这样能打动客户，使其自发地为你进行口碑传播，还会介绍新的客户给你认识，从而进一步扩大你的私域流量池，给你带来更多的收益。

3. 打造人设

打造人设是搭建个人私域流量池中非常重要的一步，独特个性的人设有利于加深用户对你的印象；积极正面或有突出成就和能力的人设能增加用户对你的信任。所以，打造好的人设对个人微信运营者来说非常重要，它不仅能加速个人IP或品牌的形成，还会影响后期的销售转化和用户运营管理。

4. 流量转化

我们打造私域流量池的目的是将流量进行转化，并最终实现流量变现。私域流量池中的用户相比公域流量来说质量是比较高的，因为在将公域流量引流到私域流量池的过程中就已经对用户进行了筛选。

而且，由于私域流量池环境的封闭性，个人运营者有足够的时间慢慢对用户进行转化，而不用担心用户的流失，所以在一定程度上提高了用户的转化率。

5. 用户管理

想要发挥私域流量池的最大价值，实现利益的最大化，就必须学会用户运营，管理好用户，这是一个长期且系统的过程。在这里，笔者对用户的运营和管理，根据自身的经验给大家两点建议，具体内容如下。

（1）对私域流量池中的用户进行标签分类，根据不同的用户特征和需求进行不同的话术沟通和转化策略。

（2）多与用户进行互动，关心用户，少进行营销；和用户做朋友，获得他的信任，维护和用户之间的感情。

3.4.7　打造企业私域流量池

其实，企业私域流量池的打造方法和个人差不多，只是企业私域流量池的规模要比个人的大，私域流量池的运营更加专业化、系统化。相比个人的私域流量运营，企业有更多的人力、物力、财力来搭建私域流量池。下面笔者就企业私域流量池的打造来谈一谈它和个人私域流量池搭建之间的差异有哪些。

首先，企业要对目标客户人群进行定位，企业只有知道所需要的用户群体类型，才能在推广引流的过程中获取到精准的流量。其次，企业可以依靠其雄厚的经济实力，批量地注册个人微信号，创建微信社群及微信公众号，只有池子容量够大，才能装更多的水。

另外，前面笔者还讲过，在推广引流的方式中，企业具有个人不具备的优势，那就是企业可以进行付费广告投放，将公共平台上的流量引流到私域流量池中。图3-27所示为企业在微信平台上进行品牌推广的付费广告。

除了利用个人微信号、微信群、微信公众号来搭建私域流量池，企业还可以通过开发App来圈养私域流量。例如，瑞幸咖啡就是通过微信好友之间分享下载App免费喝咖啡的优惠活动来进行私域流量裂变的。图3-28所示为瑞幸咖啡App推广的私域流量裂变玩法示范。

图 3-27 付费广告

图 3-28 瑞幸咖啡 App 私域流量裂变

第 4 章

矩阵 1：图文平台，绝佳的阅读体验

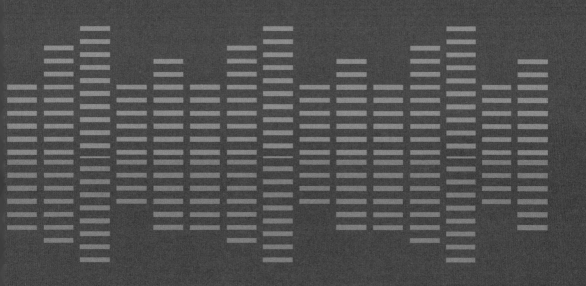

要打造全媒体矩阵，在了解完基础概念后，我们需要针对不同的新媒体平台进行账号运营。在前面的章节中笔者为大家介绍了私域流量池的构建、账号的全面定位，本章将重点讲解图文平台的运营技巧。

4.1 公众号平台：拥有天然的用户接口

全媒体矩阵包括多个类型的新媒体平台，其中最重要的平台之一就是图文平台，包括公众号、微博、百科、头条号等，图文平台具有更舒适的阅读体验，图文结合的方式使得用户数量正在逐年增加。本节主要为大家介绍公众号平台的运营技巧。

4.1.1 根据需求选择类型

微信每种公众号的功能和服务都有一定的区别，而且新媒体运营者在选择自己的账号类型并建立成功后，账号类型就不能轻易修改了。所以运营者在选择时就需要想清楚，根据自身的需求选择合适的公众号类型是非常重要的。

下面分别给读者介绍一下微信公众号的类型，给大家提供选择的依据。

1. 服务号

微信公众号中的服务号指的是各大企业或者组织用来给关注者提供服务的。因此，这一类型的公众号以服务为主。微信服务号只能是企业或者组织才能够申请开通，个人是不允许的。

微信服务号按照认证与否，可以分为两种类型。图4-1所示为两种微信服务号类型的功能。

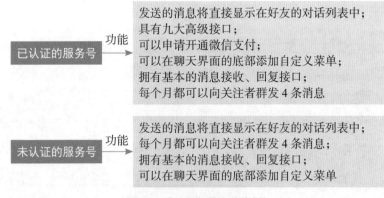

图 4-1 微信服务号的类型功能

2. 订阅号

微信订阅号指的是媒体、个人向关注者提供信息的一种方式。用户只要关注某一订阅号，每天都可以收到该订阅号发送的信息。订阅号使得媒体、个人与订阅者之间能够获得更好的沟通。订阅号是广大运营者选择的最为广泛的一种公众号。

订阅号同服务号一样也分为认证订阅号和未认证订阅号两种类型，但这两种类型的订阅号功能相同，介绍如下。

- 发送的消息将显示在"订阅号"文件夹中。
- 每天都可以向关注者群发1条消息。
- 拥有基本的消息接收、回复接口。
- 可以在聊天页面的底部添加自定义菜单。

3. 企业号

微信企业号是指政府、组织和企业等单位用于内部的一种公众号。它主要用于企业内部及企业上下游之间的管理，为企业的管理提供了更便利、有效的管理渠道。

企业号的应用范围非常广泛，包括政府机构、公安、高等教育和酒店等领域。运营者可以建立专属于自己的生态系统，连接企业内部员工、合作伙伴及内部系统和应用，使企业号用户的业务及管理更具互联网化。企业号的功能非常齐全，它能够帮助用户实现基本的交流、沟通，以及促使外界为企业号用户提供更多有用的服务，如图4-2所示。

图 4-2　企业号丰富的功能

关于公众号类型的选择，运营者可以参考以下建议。

（1）做好各方面的定位。运营者在选择公众号类型时要明确自身目标，找好方向，同时要清楚想要传递信息的对象是怎样的。这样才能确保选择的类型是合适的。

（2）从最基础的开始。运营者在选择公众号类型时，可以考虑从最简单的公众号类型开始，慢慢积累关注者。等所有功能都摸索透彻或者现有功能已经无法满足运营者需求了，再选择功能更多的公众号类型。

（3）发挥公众号的价值。不管选择哪一种类型的公众号，都要做到将所选公众号的最大价值发挥出来，以求给客户提供最佳的使用体验。用户体验做好了，才能让关注者长期跟随。

4.1.2　进行认证提高权威

一般来说，开通了微信公众号之后，接下来要做的就是进行微信公众号认证。这一点千万不可忽略。因为运营者进行微信公众号认证是很有必要的，尤其是对那些品牌企业来说，这种重要性更为突出。如果决定运用微信公众号进行营销，那么最好尽快完成公众号的认证。

一般来说，进行微信公众号认证有以下好处。

- 让自己的公众号更具公信度，提高公众号的权威性。
- 对用户在进行信息搜索等方面有积极的帮助，让自己的公众号更靠前。
- 认证后可获得更多的功能，为平台订阅者提供更优质的服务。

下面向大家介绍微信公众号认证的相关事项。

就目前而言，只有微信的订阅号和服务号支持认证，且这两种公众号可以进行认证的主体是有条件和选择性的，具体来说，包括图4-3所示的4种类型。

> 企业（企业法人、非企业法人、个体工商、外资企业驻华代表处）；
> 媒体（事业单位媒体、其他媒体）；
> 政府及事业单位；
> 其他组织。

图 4-3　订阅号和服务号支持认证的主体

图4-3所示的4种类型的微信公众号在进行认证时，还需要具备3个条件：账号粉丝超过500；需要用关联的同名已认证微博来认证；企业微信公众账号认证条件，缴纳300元的认证服务费。

运营者在清楚了认证的类型和条件之后，还需要清楚每种主体认证所需的资料。这样才可以提前将所需资料准备好，为认证节省时间。

4.1.3　重视平台内容管理

要想做好微信公众号运营，就要对其内容提高创作要求。因为只有丰富的、有趣的内容才能吸引用户。因此对于微信公众平台内容的管理，企业一定要非常重视。

微信公众平台多以文字、图片和视频等形式表现主题。因此，想要在众多营销策略中脱颖而出，就必须把握好内容定位，具体技巧如图4-4所示。

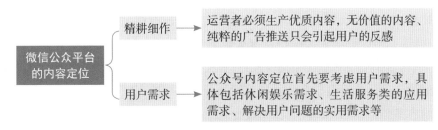

图 4-4　微信公众平台内容定位技巧

微信公众平台的内容非常重要，运营者要把握好两个要点，具体内容如下。

1. 有个性

说到个性化内容，也许是企业最难把握的一个要点。因为企业在发布微信内容时，无论是在报道方式上，还是在内容形式上，都倾向于长期保持一致性。这样才能给用户一种系统而直观的感受。

长期的个性化往往很难做到，做得不好还容易让企业的自成体系失去平衡。但是，如果企业想要让自己的微信公众号与他人的微信公众号"划清界限"，变得更加容易被用户识别，那么个性化的微信内容是必不可少的。个性化的内容不仅可以增强用户的黏性，使之持久关注，还能让企业微信公众号在众多公众账号中脱颖而出。

2. 有价值

在利用微信公众号进行运营和营销的过程中，企业一定要注意内容的价值性和实用性。这里的实用是指符合用户需求，对用户有利、有用、有价值，如图4-5所示。

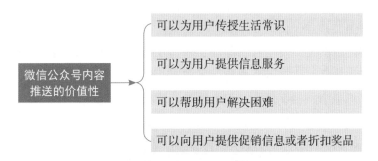

图 4-5　微信公众号内容推送的价值性

不论是哪方面的内容，只要能够帮助用户解决困难，就是好的内容。而且只有有价值和实用的内容，才能留住用户。

4.1.4　用好线上线下渠道

要做好微信公众号运营，企业就要灵活利用所有线上线下推广的渠道。利用QQ、微博、百度贴吧和天涯论坛等火爆的社交平台与微信的打通，来提高用户的转化率。同时，还要结合线下的活动、会展、促销等方式吸引用户的关注。

通过微信公众平台，企业可以多策划一些有趣的、线上线下的活动，以此来调动用户参与活动的积极性，从而拉近企业与用户的距离。

在企业运营微信公众号和营销过程中，利用微信公众号平台进行线上线下活动策划的目的有两点，即提升粉丝与企业互动的积极性和对企业微信公众号平台的依赖性。

4.1.5　发挥各种功能价值

企业想要在微信公众平台上实现营销价值的最大化，除了丰富多彩的内容，还要充分发挥微信公众平台的各种功能价值。对企业来说，微信公众号的主要作用有维护客户、培养粉丝、展示品牌、市场调研和促进销售等。

刚开始，企业可以设置一些基础功能，如天气查询、折扣、路况查询等。发展到后期，就可以根据粉丝的需求不断完善公众平台的功能。对于品牌企业而言，除了基础功能，还需要针对目标群体进行个性化的定制，如理财、超市、照片打印等。

4.1.6　其他注意事项

除了上面提到的公众号平台的5个运营技巧，还有一些在运营过程中需要注意的事项，这能够帮助运营者少走弯路，在合法合规的界限内进行运营。

1. 切忌乱发广告

不乱发广告就是不发与自己品牌、平台没有关联的广告。例如，做化妆品的企业，在推送信息时，夹带与化妆品主题不相关的家居广告。这些就是不相关的内容，在用户眼中，也就是令人深恶痛绝的垃圾广告。

企业要避免无节制地大量发送不相关的垃圾广告。因为这样很有可能会遭到用户的反感，严重的还有可能被取消关注。

2. 吸粉要具有针对性

在运营过程中，有些运营者可能为了追求更多的粉丝数量，随意地骚扰陌生用户。其实，这种方法是不可取的。运营者要做的是首先确定自身的目标用户，进行针对性加粉，否则很可能遭到他人举报而被封号。

3. 操作要尽量简单

在平台上设置的各种操作，都越简单越好。例如菜单、回复规则等方面的内容，都要设置得简单且清楚。这样能有效引导用户关注自身微信公众号，提升用户体验，降低用户的流失率。

4. 切忌诱导用户分享

不要以任何手段引诱、强求用户分享信息和关注公众号，这是违反平台规则的。而且在这一方面，官方会管理得特别严格，很多公众号就是没有注意到这一点而被封了号。因此，运营者要想顺利地运营下去，就要谨慎操作，遵守平台运营规则，以防出现类似的情况而导致封号。

5. 积极创造话题来沟通

创造沟通话题的目的与策划线上线下活动的目的相似，都是为了提升粉丝与平台的互动性和提高粉丝对平台的依赖性。不同的是，创造沟通话题比策划活动明显更容易，没有什么额外的工作需要完成，唯一要做的就是把话题呈现在关注者面前。

6. 尊重用户是必然

运营者在运营公众号的过程中，无须讨好用户，但也不能不尊重用户。因此，运营者除了要把握内容打造这一重心，还应该注意做好平台的用户服务工作，如及时和友好地回复留言、帮助用户解决问题等。这样才能长久地留住用户。

4.2　百科平台：提供权威的词条内容

百科平台能够为用户提供更具有可信度和权威性的内容，大部分企业可以通过在百科平台编辑公司信息，从而使用户在搜索企业相关词条时能够获取到最真实的内容，提高企业知名度。本节主要为大家介绍百科平台的运营技巧。

4.2.1　推送辅助SEM优化

用好百科可以使企业的运营与营销变得更为有效，其中最为直接的好处便是促进辅助搜索引擎营销（Search Engine Marketing，SEM）的优化。因为百科信息在谷歌、搜狗等搜索平台中，拥有很高的搜索排位权重。

比如，当用户在搜索平台中搜索企业网站时，企业的主站竟然排在了网页中不显眼的位置，这对企业形象的树立肯定是有负面影响的。而通过百科平台编辑企业信息能较好地解决这一问题。

百科的词条信息对SEM的优化，主要是因为它具有以下特性，具体如图4-6所示。

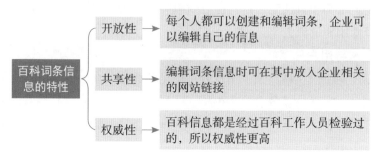

图 4-6　百科词条信息的特性

百科词条是百科平台运营与营销的主要载体，做好百科词条的编辑对新媒体的运营与营销至关重要。百科平台的词条信息有多分类，但对企业的新媒体运营与营销而言，只有以下几种形式最为重要，具体如图4-7所示。

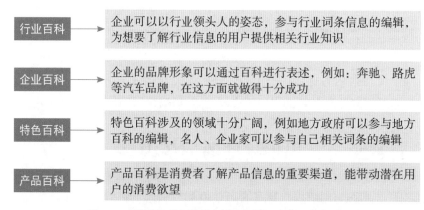

图 4-7　新媒体运营与营销中的百科词条信息的主要分类

例如，在百度上搜索"魔兽"，会发现"魔兽"的百科词条信息。如果该词条信息排在前列，就体现了"魔兽"百科的搜索排位权重很高。而大多数想要了解"魔兽"的用户，通常会点击进入"魔兽"词条内，这对"魔兽"的品牌传播具有很大影响。

4.2.2　提供信任背书

百科通过知识拉近与消费者的距离，知识的权威属性和百科的审查机制为百科的运营推广提供了信任背书。所以企业不能辜负这份信任，在编辑相关百科词条时要用心投入，用心编辑对消费者有用的词条信息。

企业进行百科平台运营时不能把它变成纯粹的广告营销，必须学会加入一些实用性的内容，或者也可以加入一些公益性内容。做百科平台运营与营销是一个长期的过程，不可急功近利地掺杂促销广告式的推广内容，而是要在两个方面多加注意，如图4-8所示，这样才能促进百科平台的运营推广。

图 4-8　企业百科营销注意事项

4.2.3　覆盖全领域知识

本节以百度百科为例，介绍百科平台的知识领域覆盖之广。百度百科是百度推出的互联网百科产品，旨在创造覆盖各领域知识的信息收集平台。百度平台十分重视用户的参与和分享，它通过利用百度用户的力量，积少成多构建知识交流的海洋。

截至2022年年底，从官网显示的数据可以看到，它已收录了2500多万词条，有超过750万的用户参与编辑，所有已知的知识领域几乎都涉及了。具体来说，主要包括艺术、科学、自然、地理、生活、社会、健康、人物、经济、体育、人文和历史等类型。

除了这些具体的分类，在百度百科首页搜索栏下方的分类栏中，有一个"特色百科"标签，是百科中很有意思的地方，具体包括历史上的今天、数字博物馆、城市百科、二战百科、非遗百科等栏目。例如，笔者单击"历史上的今天"标签，便可看到历史上今天发生了什么事情。

百度百科丰富的知识能帮助用户扩大知识面，这保证了百度百科的用户黏性。对企业而言，构建自己的企业词条，会具有很好的推广传播作用。

用户可以单击首页中的"创建词条"按钮，随后便进入词条创建引导页面。如果是初次创建，可以选择引导来了解创建规则，资深用户则可以选择直接编写选项。

图4-9所示是"创建词条页"页面。用户首先要在词条名编辑文本框中输入词条名称，词条名称通常是专有名词，使用正常的全称或常用名称即可。企业用

户则可以选择旁边的"企业创建通道"来创建企业信息词条。

图 4-9　百度百科"创建词条页"页面

企业创建通道是为著名大企业服务的，并不适用于个体工商户、社会团体、事业单位、政府机关等部门。而想要通过企业创建通道编写企业词条，需要填写企业信息、企业代码、联系人信息等内容。

4.2.4　有料有趣的知识专题

本节以360百科为例，介绍百科平台知识库的趣味性。360百科是由奇虎360公司创建的，致力于"让求知更简单"的知识服务平台。360百科与360搜索结合，一起构建庞大的360用户群体。

360百科首页显示了醒目的"行业权威数据全面覆盖"几个大字，搜索框下方的主题栏分类包括搜索百科、用户、任务、合作、知识商城和帮助中心等。

其中，"搜索百科"下包括"百科专题"和"高考百科"。在"360百科｜百科专题"页面，有很多有趣、有料的知识专题，如"明星价值报告""2018年俄罗斯世界杯影评""智能门锁安不安全"等。单击"高科百科"标签，可进入"360百科｜高考"页面。在该页面，用户可智能选大学和专业，还可以与师兄师姐进行问答。

360用户登录后便可参与360百科词条的编辑。而在编辑前，用户首先需要搜索想要编辑的词条。如果该词条没有被收录，便可自行创建；如果该词条已经被他人先行创建的话，用户可以选择继续编辑进行完善。

上面提及的360百科主题栏分类中有"用户"一项，这一项下方包括"精英团"和"高校帮"两项。其中，积极参与词条编辑的用户还可选择加入百科精英团。图4-10所示为"百科精英团"页面。

图 4-10　360 百科的"百科精英团"页面

精英团成员可以享受操作特权、身份标示、定制福利等好处。不过申请加入需要一定的条件，具体包括：百科等级达到4级及以上、词条通过率大于90%、态度积极、热爱分享和保持贡献、半年内无封禁记录等。

4.3　微博平台：极强的传播速度

微博运营最注重的是价值的传递与内容的互动，正是因为有这两点，微博才能迅速火热起来，并以显著的运营效果创造了巨大的商业价值。利用微博进行营销，第一件事就是要增粉，有了粉丝才会有客户。那么，微博要怎么吸粉呢？本节笔者主要为大家介绍微博平台的运营技巧。

4.3.1　建立微博粉丝群

微博群是为微博粉丝提供围绕某个话题交流和讨论的场所，群内的成员也往往都是对这一话题关注的人。如果企业能常常发布一些用户关注的内容，经常和群内的用户进行交流和讨论，帮助用户解决问题，甚至成为群内的名人，那么群内的用户也会慢慢转变成自己的粉丝，抑或自己建一个群，与粉丝进行互动交流，拉近彼此之间的距离。

那么，企业该如何利用微博群与粉丝进行互动呢？

（1）积极耐心地与粉丝互动。在发现企业的微博评论中或他人发布的微博中有一些有必要回复的问题后，要根据不同问题的性质，进行不同方式的回答。

（2）发布一些搞笑、有震撼力、有争议的图片、视频、短的软文段子等，通过其他用户的转发评论，再与其他人进行互动。这种方法需要的人力和时间比较多，如果能广泛传播，其效果也是很好的。

（3）企业或机构在每天发完几条微博后，需要不断地监测粉丝的回复，以及粉丝们主动发布针对你的企业或机构的帖子，这种行为实际上是在提高互动率。

（4）通过一些测试题、有趣的小游戏来聚集粉丝进行互动，这种方法相对来说是比较稳妥的，抓住了一类人喜欢进行星座情感测试问题小游戏的心理，来进行传播宣传，达到互动软文营销的目的。

（5）重视原创微博的水平。在素材选择上恰当、在表达方式上轻松、在商业元素上更软化的微博帖子是很容易引起粉丝的关注并进行转发的。

4.3.2　积极地参与互动

进行微博互动营销，最主要的一点就是要主动与别人进行互动。当别人点评了你的微博后，你就可以和他们进行对话。企业或商家还可以利用微博举办一些具体的活动，以此来加强与粉丝的互动。在互动中，可以挖掘客户或者吸引潜在的客户，以此来实现产品或服务的互动营销。

企业或商家可以举办一些抽奖活动或促销活动来吸引用户的眼球，进而增加与粉丝的互动。在抽奖活动中，企业或商家可以设置一些条件。比如，用户按照一定的格式转发或评论相关信息，这样就有机会中奖。

图4-11所示为微博活动转发的与淘宝的活动互动信息。

图 4-11　微博活动转发的活动互动信息

总之，企业或商家只要不断地和粉丝保持互动，对粉丝发布的微博经常进行转发、评论，让粉丝感觉到自己的诚意，就可以获得粉丝的信任。

4.3.3　利用广告牌进行推广

微博有一种广告牌，主要用来宣传推广。微博用户只要开通会员就可以对背景进行自定义设置了，然后将自己的二维码、微信、QQ、电话号码、网店地址等具体信息写在里面。当别人打开企业的微博主页以后，可以看见企业所有的联系方式。

4.3.4　利用硬广告进行营销

硬广告是生活中最常见的一种营销方式，它指的是人们在报刊、杂志、电视、广播、网络等媒体上看到或听到的那些为宣传产品而制作出来的纯广告。其中，微博中的硬广告传播速度非常快，涉及的范围也比较广泛，常常以图文结合的方式出现，也常伴有视频或者链接。以下是微博广告的4大特征。

- 形式多样。
- 位置固定。
- 内容鲜明。
- 需要付费。

一般用户对各种硬广告大都有排斥的心理，因此，企业在发布广告时，营销文字不要太直接，要学会将硬广告软化，巧妙地把广告信息设置在那些比较吸引人的软文里，生硬的广告只会让用户产生反感的情绪。

企业在发布时，最常见、最直接有效的微博硬广告方式是图文结合。除此之外，企业在优化关键词的时候，也应多利用那些热门的关键词，或容易被搜索到的词条，提高用户的搜索率。

4.3.5　把握公关回复

公关危机是各大企业都可能面临的重要问题。尤其是在这个病毒式传播的互联网时代，用户对产品或服务的负面评论很可能导致企业直接面临公关危机。

但是，作为一个信息共享的社区，微博的传播速度是非常快的，只要企业掌握了正确处理公关危机的技巧，就能够及时地将危机降到最低。

★ 专家提醒 ★

微博公关是企业解决公关危机的一种新的方式，企业利用微博平台进行危机公关不仅效率高，而且影响大。企业通过参与和回复关注者评论的方式，还可以实现与用户的互动，进一步影响舆论。

在面临公关危机时，企业及一些专门解决危机公关的专业团队都可以采取相应的措施来解决公关危机。图4-12所示为微博的公关服务技巧。

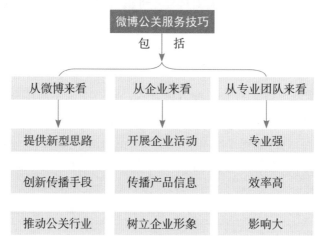

图 4-12　微博的公关服务技巧

4.3.6　构建微博营销团队

如今，微博营销已完全步入成熟阶段，但是它依然需要专业的人员发挥最大效果的运营。但是，如何招纳这些人才来建立微博营销团队呢？图4-13所示为构建微博营销团队的3个要点。

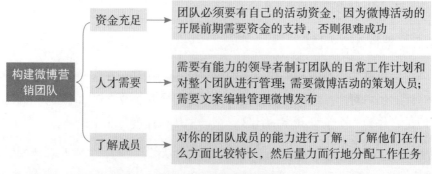

图 4-13　构建微博营销团队

4.3.7　设置个人标签

微博个人标签能让用户在搜索的时候快速找到你，还能提高在搜索结果中排名靠前的概率。个人标签的设定是非常讲究的，它的设置是有一定规则的，运营者不能盲目地设置个人签名，不然是没什么效果的。这样做的话，反而会对微博的营销起到阻碍的作用。那么，微博个人标签设置有着哪些规则呢？下面对微博个人标签的设置规则进行图解分析，如图4-14所示。

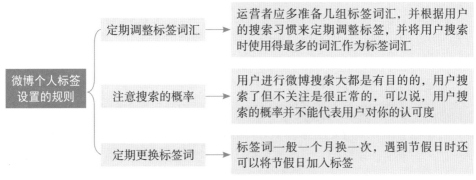

图 4-14　微博个人标签设置的规则

微博标签是用户搜索的入口，因此，要想做好微博营销的话，企业或商家必须重视对微博标签的设置。值得注意的是，微博标签不仅要体现产品或品牌，还要方便用户搜索。

4.3.8　对用户进行实时跟踪

在微博平台里，企业可以对用户进行实时跟踪，从而快速地了解用户对企业产品或服务发出的质疑或请求帮助等信息。

企业还可以通过微博来回复用户的信息，以解决用户的问题，避免用户因为不满而大规模地在网络上传播对企业不利的信息。微博这个服务平台能快速解决用户的问题，有效地提高客户的满意度，并实现品牌忠诚度的累积。

4.3.9　通过话题借势营销

一般来说，微博用户在打开微博之后，大都先选择微博里那些好玩的内容来浏览，然后就是查找热门微博或者查看热门话题。因此，对企业而言，可以抓住用户的这一习惯，借势进行话题营销。

企业在进行话题营销时，首先应该了解用户对什么话题感兴趣，然后把这个话题策划成自己营销的内容，用户在搜索话题时，就可以搜索到自己的内容了。一般在发微博的时候，企业应该对热门关键词加上双井号，如：＃热门关键词＃，这样就可以提高用户的搜索率了。

但是，值得注意的是，企业在进行微博运营时，还应该适当地转发别人的微博，对别人的微博进行留言。这样的话，不仅可以加强彼此的互动，也可以获取更多博主的信任。你对别人的关注度高，别人对你的关注度也就更高，这就是微博营销的主要策略。

但是，企业在转发别人的微博时一定要把握一个度，转发过多、留言过多、互动过多的话，只会让别人感到厌烦，甚至会对你取消关注。因此，企业在进行微博运营时一定要坚持适度原则，只有把握好了那个度，才能够让企业的微博营销真正地达到自己想要的效果。

总之，话题营销是企业在进行微博营销时采用的主要方式之一。因此，企业在进行话题营销时一定要注意选择正确的话题，只有将品牌和产品的实际情况准确地融入正确的话题之中，才能够取得话题营销的成功。否则，会让营销内容显得格格不入，也不能让微博用户信服，这样的微博营销也就变得毫无意义了。

4.4　头条号：注重内容原创

头条号平台用户多，流量大，重视内容原创。与微信公众号分发机制不同，公众号基本是关注推送，头条除了关注外，还有基于兴趣等特征的流量进来。可以说，平台作用越强，粉丝价值越低。头条号非常适合新手起步，想要搭建全媒体矩阵，必不可少。本节主要为大家介绍头条号平台的运营技巧。

4.4.1　多种登录方式

注册了头条号后，在进行运营时经常需要登录来进行头条号管理。对通过手机号注册的用户来说，通过电脑端登录一般有两种方式，即通过账号密码登录和通过验证码登录。在此以通过电脑端用账号密码登录为例来进行介绍，具体操作如下。

进入"头条号"页面，❶输入手机号、密码和验证码信息；❷选中"我已阅读并同意《用户协议》和《隐私政策》"复选框；❸单击"登录"按钮，如图4-15所示，即可完成登录。

图 4-15　单击"登录"按钮

其实，除了手机号登录，还有多种方式可以完成登录操作，图4-15所示的"登录"页面下方的邮箱、QQ和微信等都可完成此操作。而在今日头条手机客户端，也可以通过多种方式登录，具体操作如下。

进入登录界面，可以点击"抖音一键登录"，也可以点击界面下方的 … 按钮，在弹出的面板中选择其他登录方式，如图4-16所示。

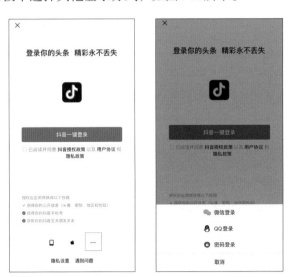

图 4-16　头条号的登录方式

4.4.2　运营发文规范

俗话说："没有规矩不成方圆。"其实，今日头条内容的推送也是如此。它是有着一定的规范的，不能任由账号管理者和运营者随意操作。而且，只有符合平台规范的内容，才能保证其质量并推广开来。而不符合规范的推送内容，是不能通过审核或被推荐的，甚至还可能因为严重违规而被封禁。

基于此，运营者在今日头条平台上发文时，会发现图文编辑页面右上角有一个"头条号发文规范"按钮，单击进入相应页面，该页面中说明了在平台上发文的格式和内容方面的规范，如图4-17所示，告诉运营者应该怎样发文。

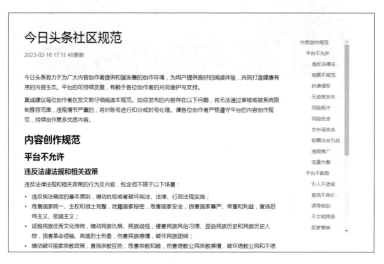

图4-17　头条号作者发文规范部分内容展示

除此之外，在今日头条上发文还有着其他方面的规范，如扩展链接的使用规范就是其中之一。而要让内容符合规范并获得好的推广效果，我们首先就应该了解这些规范，并在发文过程中时刻加以注意。

4.4.3　申请原创功能

"图文原创"和"视频原创"是头条号为了鼓励优质原创内容产生的功能。如果头条号作者对发布的运营文章添加了原创声明，就能获得很多运营的好处。下面从申请条件、申请操作和开通权益方面进行介绍。

1. 申请原创功能的条件

其实，申请"图文原创"和"视频原创"需要满足的条件大同小异。图4-18所示为申请"图文原创"需满足的条件。

- 创作者需要加入创作者计划，并且同时满足以下条件：
  - 账号类型为「个人」、「新闻媒体」、「企业」、「其他组织」类型且已完成身份校验
  - 信用分为100分
  - 今日头条+西瓜视频粉丝总数满100。

图 4-18　申请头条号原创的条件

2. 可申请状态和基本操作

运营者进入后台的“账号权限”页面，选择“功能权限”选项，单击“图文原创”或“视频原创”右侧“状态”栏下的红色“申请”按钮即可开通。申请后系统会进行审核，并显示状态。如果申请按钮为灰色，则表示该头条号暂时不符合申请条件，无法单击。

3. 开通后能获得的权益

开通头条号原创功能后，除了对发布的运营内容有好处，还能获得以下权益，如图4-19所示。

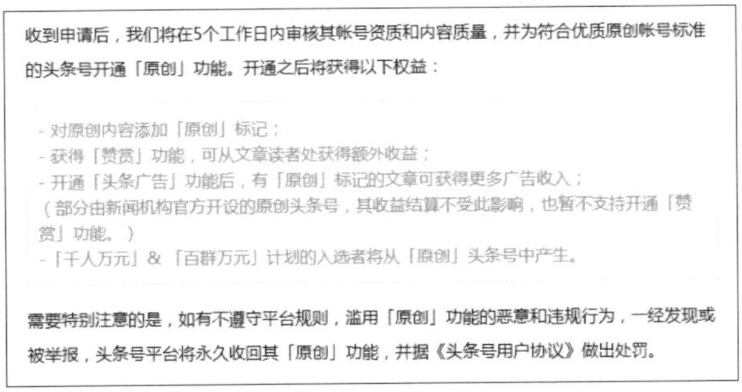

收到申请后，我们将在5个工作日内审核其帐号资质和内容质量，并为符合优质原创帐号标准的头条号开通「原创」功能。开通之后将获得以下权益：

- 对原创内容添加「原创」标记；
- 获得「赞赏」功能，可从文章读者处获得额外收益；
- 开通「头条广告」功能后，有「原创」标记的文章可获得更多广告收入；
（部分由新闻机构官方开设的原创头条号，其收益结算不受此影响，也暂不支持开通「赞赏」功能。）
- 「千人万元」& 「百群万元」计划的入选者将从「原创」头条号中产生。

需要特别注意的是，如有不遵守平台规则，滥用「原创」功能的恶意和违规行为，一经发现或被举报，头条号平台将永久收回其「原创」功能，并据《头条号用户协议》做出处罚。

图 4-19　开通头条号原创标签的权益

如果头条号运营者在申请时没有通过审核或因为其他原因申请失败，30天后可再次进行申请。建议运营者一定要申请到“图文原创”或“视频原创”功能。

4.4.4　开通广告运营

头条号开放了两种广告运营的功能，即头条广告和自营广告，广告功能能让运营者获得实实在在的收益。下面对两种广告功能进行介绍和讲解。

1. 平台自动匹配的头条广告

头条广告，顾名思义，即由头条号平台运营的广告。与自营广告的自主运营完全不同，头条广告是头条号创作者把广告推广的选择委托给今日头条平台的广告形式。开通头条广告后，可在发布运营文章时进行广告投放，广告由头条号平台自动匹配。

投放广告后，根据广告的展示实时计算运营收益，每个月可提现一次。当然，运营者要绑定银行卡才可进行提现。

2. 运营者自主运营的自营广告

自营广告由运营者全权自行运营，支持图片和图文两种方式，图集与视频暂不支持展示自营广告。申请自营广告功能的条件如图4-20所示。

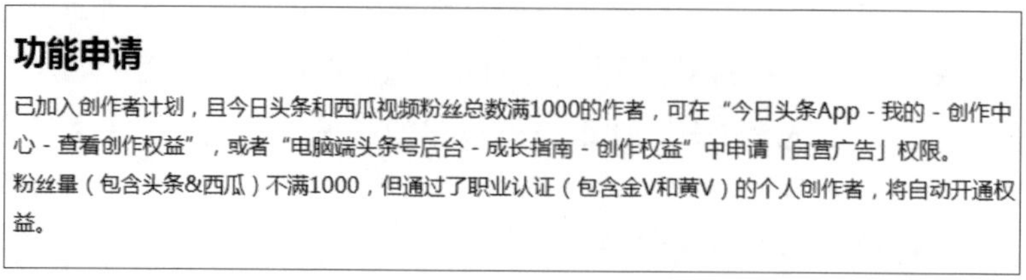

功能申请

已加入创作者计划，且今日头条和西瓜视频粉丝总数满1000的作者，可在"今日头条App - 我的 - 创作中心 - 查看创作权益"，或者"电脑端头条号后台 - 成长指南 - 创作权益"中申请「自营广告」权限。
粉丝量（包含头条&西瓜）不满1000，但通过了职业认证（包含金V和黄V）的个人创作者，将自动开通权益。

图 4-20　开通自营广告的条件

4.4.5　进行实名认证

所谓"实名认证"，就是把头条号与自身的真实身份关联起来，以确定头条号运营者的身份。特别是在简化了头条号的注册流程之后，实名认证更是显得尤为重要。只有完成了实名认证，头条号才能开通提现、资质认证和其他的一些功能权限。关于实名认证的过程，具体步骤如下。

运营者登录头条号后台主页，进入"账号权限"页面，可以看到该页面显示了4项权限功能，在"实名认证"一栏中，单击"前往认证"按钮，如图4-21所示。执行操作后，即可进入相应的网页，该网页用视频展示了实名认证的过程。运营者只要按照相应的提示进行操作即可完成实名认证。

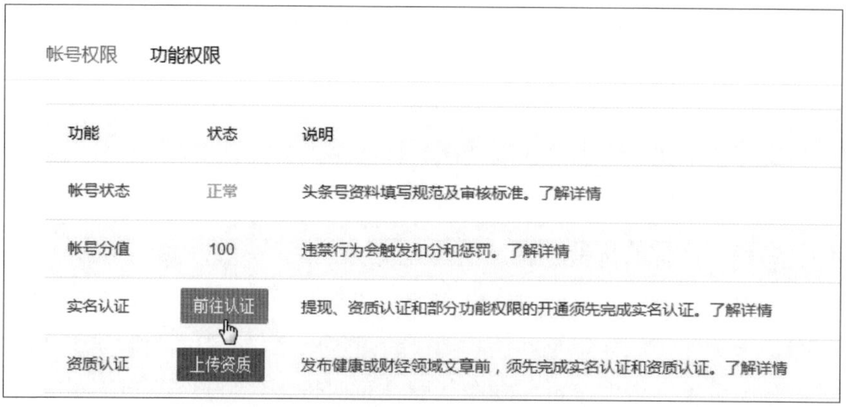

帐号权限	功能权限	
功能	状态	说明
帐号状态	正常	头条号资料填写规范及审核标准。了解详情
帐号分值	100	违禁行为会触发扣分和惩罚。了解详情
实名认证	前往认证	提现、资质认证和部分功能权限的开通须先完成实名认证。了解详情
资质认证	上传资质	发布健康或财经领域文章前，须先完成实名认证和资质认证。了解详情

图 4-21　单击"前往认证"按钮

4.4.6　取好文章标题

今日头条的标题是影响推荐量和阅读量最重要的一个因素，一个好的标题得到的引流效果是无可限量的。在标题党较多的今日头条平台上，要想脱颖而出，就要让标题表现出十足的品质感，做一个有品质的取名高手。因此，运营者在依照平台的发文规范发表文章时，还要留心观察平台上阅读量高的文章标题。

下面以"手机摄影构图大全"头条号为例，讲解运营者该怎样取好自己文章的标题，提高文章阅读量。

1. 取名类型

新媒体运营中的标题有数不尽的取法，运营者运营头条号则要找到适合今日头条平台的标题类型。据调查，今日头条的大多数用户关注的都是娱乐、八卦和实用的技巧、干货，运营者可以从这两个方向着手研究标题的取名类型。

例如，实用的技巧、干货方向的标题类型，运营者可以用数字式、速成式、专业式的方法取标题。

- 数字式：让人一看见数字，就想探知数字背后的要点。
- 速成式：短时间内迅速掌握技巧或知识的方法。
- 专业式：嵌入专业性词语，传递专业价值。

2. 字数长度

头条号的文章标题限制为5～30个字，运营者需要在这5～30个字数限制内找到适合自己产品的标题字数。不同领域和风格的文章有不一样的审核要求，运营者可以把以往发布成功的文章做一个标题数字统计，分出阅读量低、阅读量一般、阅读量高的标题，并查找出阅读量高的标题字数的规律，然后根据分析出的规律进行文章试验，可以得出自己运营的文章标题在多少字数内能有高的阅读量。

4.4.7　了解推荐机制

今日头条的推荐量是由智能推荐引擎机制决定的，一般含有热点的文章会优先获得推荐，而且热点时效性越高，推荐量越高，具有十分鲜明的个性化。而这种个性化推荐决定着文章的位置和阅读量。因此，运营者要寻找平台上的热点和关键词，以提高文章的推荐率。

今日头条每天都会更新热点，运营者可以在发布运营文章前查看平台上的热点，找出与要发布的文章相关联的热点词，然后根据热点词来取标题，以及在运营文章中插入相应的热点。

关键词最主要用在标题上，与热点词相比持久性更好。运营者可以在阅读量高的文章标题中抽取命中率高的词汇，与文章内容融合取出带有关键词的标题。图4-22所示为含有"构图"关键词的标题。

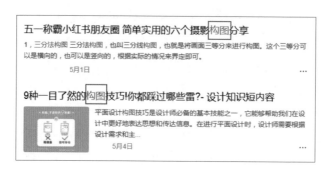

图 4-22　含有"构图"关键词的标题

4.4.8　其他注意事项

除了上面提到的7个运营技巧，还有一些在头条号平台上需要注意的事项，包括检查文章质量、了解审核规则等。下面为大家详细介绍。

1. 要把好质量关

头条号的文章发布是由机器和人工两者共同把关的，通过智能的引擎机制对内容进行关键词搜索审核。其次，平台编辑进行人工审核，确定文章值得被推荐才会推荐审核的文章。首先由机器把文章推荐给可能感兴趣的用户，如果点击率高，会进一步扩大范围把文章推荐给更多相似的用户。

另外，因为文章内容的初次审核是由机器执行的，因此运营者在用热点或关键词取标题时，尽量不要用语义不明的网络或非常规用语，增加机器理解障碍。

2. 清楚审核规则

在发表文章的发文规范中，规定了发布的内容涉嫌色情低俗、含有明显的广告信息、违背相关现行政策与法律法规等，将无法通过审核或不被系统推荐。运营者一定要牢记且不能违反这些规则。

虽然发布运营内容是为了推广产品或引流吸粉，但是运营者发布广告的信息不可多于3～5处，更不能直接说出广告的意图和直接展示微信、QQ等广告关键词或联系方式。

3. 平台独家首发

今日头条平台很注重首发、独家和原创的作品。"首发独家"的原创内容比"首发并不独家"的原创内容更容易被推荐，且推荐量更高。

运营者如果写不出纯原创的文章，也不要过度抄袭他人的文章，否则会影响审核和推荐。除此之外，运营者在头条号发表的文章最好不是已经在其他平台上发表过的旧文，以防他人转发导致机器检测到全网出现过多相似的文章，不能通过审核，如图4-23所示。

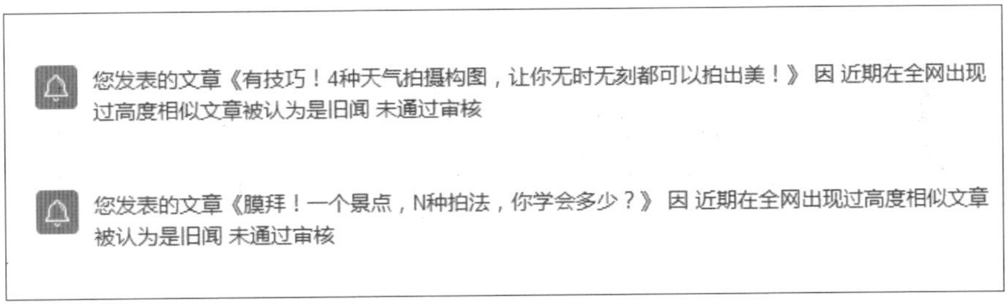

> 🔔 您发表的文章《有技巧！4种天气拍摄构图，让你无时无刻都可以拍出美！》因 近期在全网出现过高度相似文章被认为是旧闻 未通过审核
>
> 🔔 您发表的文章《膜拜！一个景点，N种拍法，你学会多少？》因 近期在全网出现过高度相似文章被认为是旧闻 未通过审核

图 4-23 审核不通过的相关通知

4.5 其他图文平台

除了上述提到的几个常用的图文平台，还有一些针对不同类型行业推出的小众图文平台，如果和运营者所经营的企业相匹配，在打造全媒体矩阵的过程中，也可以尝试在这些新媒体平台上进行账号运营。

4.5.1 网易号

网易号，前身为网易订阅，是网易传媒在完成"两端"融合升级后，全新打造的自媒体内容分发与品牌助推平台，是集高效分发、原创保护、现金补贴、品牌助推于一体的依托于网易传媒的自媒体发展服务解决平台。

网易号同样为优质创作者设立了千万奖金池，扶持优质图文/视频原创者。入选创作者加薪计划的作者需要满足以下门槛，如图4-24所示。

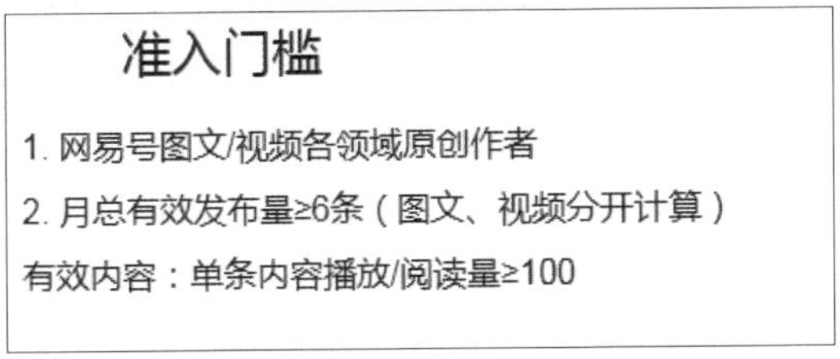

准入门槛

1. 网易号图文/视频各领域原创作者
2. 月总有效发布量≥6条（图文、视频分开计算）

有效内容：单条内容播放/阅读量≥100

图 4-24 入选创作者加薪计划的准入门槛

进入网易号"运营指南"首页，单击左侧的"创作课程"按钮，可以看到相关的新手教程视频，如图4-25所示，包括新手入门、拍摄剪辑、领域深耕3个板块，创作者可以根据需要进入不同的板块进行学习。

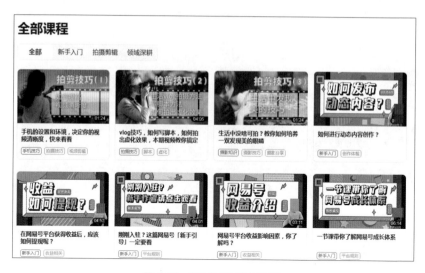

图 4-25　相关的新手教程视频

4.5.2　图虫

图虫是一款摄影师分享交流摄影、视频作品的平台，图虫社区目前已经拥有2000万注册用户，拥有800万全球摄影师资源，包括日常摄影、商业定制拍摄、品牌活动宣传、摄影直播课等类型的作品。

图虫创意在库图片量4.6亿，高清视频超2000万条，致力于为用户提供正版素材内容及数字资产管理解决方案。图虫创意全面整合了全球优质图片、插画、矢量图、视频等资源，支持用户通过图虫购买所需要的图片素材。

进入图虫首页，单击右上角的"立即购买"按钮，如图4-26所示。

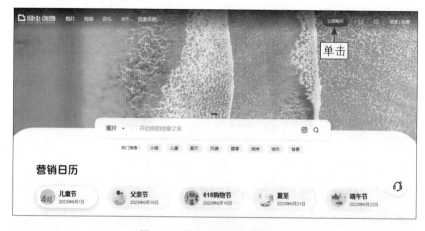

图 4-26　单击"立即购买"按钮

执行操作后，进入新页面，可以看到购买的相关流程，包括购买套餐、下载素材和下载授权书3个步骤，如图4-27所示。

图 4-27　素材购买的流程

图虫非常适合从事摄影行业相关的运营者进行账号运营，拥有海量的图片素材，百万注册用户都可以通过平台进行资源交流和分享，能够提高摄影师的额外收入。

4.5.3　视觉中国

视觉中国与图虫相似，也是一款提供亿级高质量、专业性的图片、视频及音乐素材的图文平台，为内容生态中的生产者与使用者提供版权交易和增值服务。相对图虫而言，视觉中国的摄影师签约难度更高，需要提供的图片质量要求也更严格。

如果需要购买该平台的图片素材，可单击首页的"素材购买"按钮，会弹出客服对话框，在输入框中输入自己的需求，人工客服将提供解决方案，如图4-28所示。

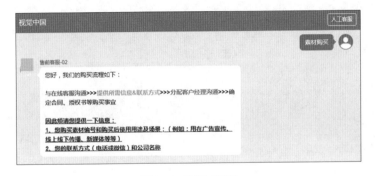

图 4-28　客服对话框

第 5 章

矩阵 2：问答平台，给你想要的答案

问答平台具有互动性、科普性、综合性的特点。在问答平台上，所有用户都可以在提问者发出问题后提供自己的参考答案，与其他网友进行交流讨论。问答平台的使用在近几年逐渐变得广泛，也是企业打造全媒体矩阵的重要选择。

5.1　知乎：高质量问答社区

知乎问答是一个高质量问答社区和创作者聚集的原创内容平台，在近几年的发展里，知乎已经发展为综合性内容平台，覆盖问答社区、全新会员服务体系"盐选会员"、机构号、热榜等一系列产品和服务，并建立了包括图文、音频、视频在内的多元媒介形式。

企业要想提高公司的品牌知名度，知乎是一个必不可少的媒体平台。本节主要为大家介绍知乎平台的运营技巧。

5.1.1　创作者中心

知乎主要是以问答为主的平台，与公众号、头条号平台通过写文章获得阅读量的形式不同，运营者需要在知乎上提供高质量的回答为自己涨粉。

那么，如何查看自己所发布的回答的流量数据呢？运营者可以进入知乎的"创作中心"页面，在这里可以看到自己账号的创作数据，具体操作如下。

登录知乎问答平台，进入"创作中心"页面，如图5-1所示，在这里可以看到近期的数据总览，包括近7日的阅读量、赞同量，以及通过问答获得的收益。

图 5-1　"创作中心"页面

往下滑动页面，可以看到提高创作分的相关创作任务，完成任务获得创作分，能够提高账号的创作等级，等级越高，所获得的权益越多，也更容易被系统推荐到用户首页，为账号引流涨粉，如图5-2所示。

图 5-2　提高创作分的相关创作任务

往下滑动页面，还可以看到提高回答质量的教学视频，非常适合新手运营者，如图5-3所示。

图 5-3　相关的教学视频

5.1.2　通过知乎变现的方法

知乎作为一个需要进行内容创作的平台，必然有许多的内容变现方法，这里主要为大家介绍两种常见且收益高的变现方法。

1. 好物推荐

当用户在知乎上搜一些问题，或者看知乎的推送的时候，经常会发现，除了针对性地回答，里面还会穿插一些商品介绍卡片。只要有人通过文章里的这个卡片买了该商品，运营者就能获取对应的佣金。

图5-4所示为开通好物推荐的条件。

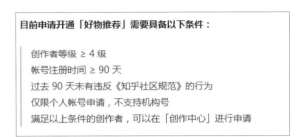

目前申请开通「好物推荐」需要具备以下条件：

创作者等级 ≥ 4 级

帐号注册时间 ≥ 90 天

过去 90 天未有违反《知乎社区规范》的行为

仅限个人帐号申请，不支持机构号

满足以上条件的创作者，可以在「创作中心」进行申请

图 5-4 开通好物推荐的条件

开通好物推荐功能后，就会进入相关的问题页面。这个页面有很多商品类目的问题，选择和自己想要推广的商品相关的问题进行回答，如图5-5所示。

图 5-5 相关的问题推荐页面

2. 知乎盐选

知乎的盐选专栏，是服务于盐选会员的付费专栏，主要是通过签约盐选作者，收集"故事专栏"和"知识专栏"两大内容类型的投稿，进行内容变现的方式，盐选作者所发布的文章，在获得盐选会员的付费购买后，将获得平台的分成。表5-1所示为签约盐选专栏的方式，表5-2所示为签约盐选专栏的福利。

表 5-1　签约盐选专栏的方式

签约方式	签约方式	分成与收益
作者经纪签	业内高人气或有高标杆作品的作者	一定保底金额+50%分成
作品独家签	作品全版权（只签单部作品，不限作者人身自由）	50%分成

表 5-2　签约盐选专栏的福利

海量平台资源	爆款作品扶持	版权衍生开发	个人品牌建设
签约作品将作为付费回答进入首页流量池，瓜分千万级流量	头部爆款作品将获得平台商广资源及站外KOL推广资源	优秀作品将获得影视版权、书籍等全产业链衍生开发商业机会	优秀作者将有机会登上年度作家榜单，获得平台荣誉勋章

5.2　百度知道：互动式知识分享

百度知道是一个基于搜索的互动式知识问答分享平台，于2005年6月21日发布，到目前为止已成立18年，且同属于百度旗下产品，在百度搜索引擎下有很高的搜索排名，能大大提高展现量，对企业的新媒体运营来说，必不可少。

本节将主要为大家介绍百度知道平台的相关使用技巧。

5.2.1　进行提问和回答

进入百度知道首页，在首页可以看到各种各样的提问，如图5-6所示，运营者可以进入自己感兴趣的提问进行回答，在页面的右侧会显示"我要提问"和"我来回答"两个板块，运营者可以根据需要进入相关页面。

图 5-6　百度知道首页

1. 我要提问

单击"我要提问"按钮，进入"提问"页面，输入问题，也可以在下方的输入框中对问题进行详细补充，如图5-7所示，单击"提交"按钮后，进入新的页面，在页面下方还可以通过设置标签、修改问题、设置悬赏等方式，提高问题的准确率和获取答案的效率。

图 5-7　在"提问"页面输入问题

在页面最下方可以看到"相似问题"板块，该板块会显示已得到解答的问题，若问题与其相似，可直接在"相似问题"板块中找到自己想要的解答，如图5-8所示。

图 5-8　"相似问题"板块

2. 如何回答

在首页单击"我来回答"按钮后，进入新的页面，可以看到"全部问题"板块，如图5-9所示，在这里可以选择自己擅长的问题领域进行筛选。滑动页面，在下方的"新提问"和"高悬赏"板块可以根据需要进行选择。

图 5-9　"全部问题"板块

例如，选择"高悬赏"板块，可以看到每个问题左侧都会显示 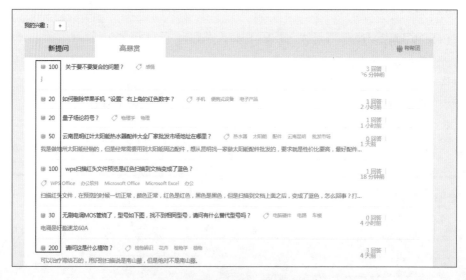 图标，如图5-10所示，图标右侧即为悬赏的积分数，运营者可以根据需要选择回答的问题。

图 5-10　问题左侧显示相应的图标

5.2.2　了解积分体系

百度知道的积分体系分为成长值和财富值两部分，随着成长值的增加可以晋级并获得更高的头衔。

1. 财富值

百度知道的财富值相当于钱包，每一次高质量回答贡献都可以获得对应的财富，可以用来悬赏、匿名提问、购买或者兑换百度商城的物品，财富值的具体用法如下。

- 财富值最普遍的用处就是可以用它来向专家和网友提问，用财富值增加问题的悬赏，则问题会得到更多人的关注和解决方案。
- 财富值还可以在知道商城进行礼品兑换，进入知道商城查看商品的剩余数量，再点击立刻兑换，然后填写自己的收货地址，奖品就会送到用户手中了。

2. 成长值

成长值反映了用户在知道的贡献，同时也决定着用户在知道的等级。

用户可通过回答问题、获得采纳、互动、完成任务、参加运营活动等，获得相应的积分奖励。表5-3所示为成长值的增加规则。

表 5-3　成长值的增加规则

行为	操作	获得成长值	财富值	备注
回答	提交答案	+2		每日最多获得 30 分
	追答	+2		每日最多获得 10 分
	回答被点赞	+1		每日最多获得 30 分
	回答被采纳为最佳答案	+15	+15	回答被采纳为提问者或网友采纳为最佳答案
	快速回答（15分钟）	+20	+20	15 分钟内回答被采纳后将获得该奖励
浏览	提问	+5		LV0 ～ LV5 可获得奖励，每日最多获得 5 分
	赞回答	+1		LV0 ～ LV5 可获得奖励，每日最多获得 10 分
任务包	每日任务	不定	不定	完成每日任务获取相应的奖励
	成长任务	不定	不定	
	勋章	不定	不定	

同样的，成长值也会有相应的扣除规则，表5-4所示为成长值的扣减规则。

表 5-4　成长值的扣减规则

操作	降低成长值	备注
回答被删除	-3	回答内容被管理员删除
采纳被删除	-3	回答被采纳后，自己删除、管理员删除
提问被删除	-5	提问内容被管理员删除
删除提问	-5	自己主动删除提问
删除回答	-3	自己主动删除回答内容

5.2.3　提高回答采纳率

在百度知道平台上，采纳率越高的回答获取的积分也就越多，也会有更多的财富值，想要提高回答的采纳率，有以下几种方式。

1. 被认证为"宝藏回答"

宝藏回答指那些包含回答者专业、经验、真诚分享的、能完完全全解决提问者疑问，帮助提问者高效决策的好回答，满足要求的回答会被系统给予认证，在回答的右上角会显示认证图标，如图5-11所示。

图 5-11　宝藏回答及认证图标

2. 被评为精彩回答

精彩回答是知道平台上最优秀的知识，其展现样式最为华丽，在搜索中也会得到更多的展示，从而帮助到更多的人。

百度知道的部分管理员有推荐精彩问答的权限，当管理员认为某个回答质量非常好时，就可以推荐这个被采纳的回答为精彩回答。精彩回答的贡献者会得到额外的10财富值奖励。

3. 被网友评为推荐答案

网友推荐答案是由高级知道网友（百度知道等级高于11级）推荐的质量较好的回答，其回答者获得10经验值与10财富值的奖励，此奖励可与最佳答案的奖励叠加。问题有了推荐答案并不会影响提问者对问题的处理流程。

5.2.4 申请账号认证

在百度知道平台上，可以申请身份认证，能提高回答的采纳率，并且额外拥有其他特权，具体内容如下。

1. 展示特权

认证用户会在个人用户名或头像旁显示认证标志，于其提问、回答及个人中心页面均会显示。例如，将鼠标指针放在某回答者头像处，能够看到该认证用户的简介，如图5-12所示，能提高提问者对回答的信任度。

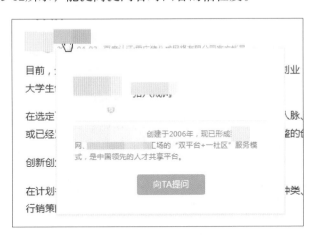

图 5-12 认证用户的简介

2. 邀请特权

认证用户拥有邀请好友进行认证的权限，好友成功认证后会获得相应的财富值等奖励，同时好友也将获得对应的认证特权。

那么，该如何认证用户呢？具体操作步骤如下。

步骤01 进入"百度知道"首页，单击"用户"按钮，在弹出的面板中单击"认证用户"按钮，如图5-13所示。

图 5-13　单击"认证用户"按钮

步骤 02 进入认证页面，单击"申请认证"按钮，如图5-14所示。

图 5-14　单击"申请认证"按钮

步骤 03 在弹出的页面中会显示身份职业认证、兴趣认证两种认证方式，运营者可以根据需要选择对应的领域进行认证申请，如图5-15所示。

图 5-15　选择对应的领域进行认证申请

5.2.5　提升回答的质量

想要提高回答的质量，最主要的是完善自己的回答，提高原创能力，这需要运营者掌握一些撰写回答的技巧，具体内容如下。

1. 采取好读易读的回答形式

使用与主题强相关的图片、条理清晰的表格，让信息展示更生动；使用恰当的分段小标题、空行、重点加粗等方式，让回答的逻辑更突出。另外，可以开门见山地给出答案，别绕弯子，大胆舍弃与问题不直接相关的冗余句子吧。下面我们再从两个例子中来感受一下宝藏回答的要义。

图5-16所示为条理十分清晰的回答，作者开篇直接给出方法，并分别列出三个方法提供多种方案，并在每个方法之间用小标题隔开，有利于阅读抓重点。

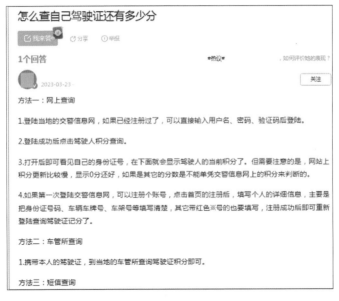

图 5-16　条理十分清晰的回答

2. 结合亲身经历、经验答题

让别人束手无策的困境，可能你经历过，再解决这种问题就格外得心应手。在回答中毫无保留地分享你的经验、真心实意地描述你的经历，你的回答会显得更实用。

3. 彻底到位地解决问题

彻底地解决问题，需要考虑到提问者的需求，然后给出清晰的操作步骤，详尽的解答思路，不能话说一半，只告诉方法，不说明操作步骤。

图5-17所示的回答不仅给出了详细步骤，并配图说明，能让提问者更好地明白如何操作。

图 5-17　能彻底解决问题的回答

同时，在写回答时我们也可以提供一个充分、全面的决策参考。比如，全面的推荐、深度的分析、高效的类比，如果提问者看完你的回答，不需要再查看其他任何信息就能完全解决该问题，就是成功的。

图5-18所示的回答属于知识科普类，需要回答者有扎实的知识基础才能解答问题，同时该回答者不仅提供了一个全面且有深度的决策参考，还条理清晰地分步骤写明方法，能够提高提问者的阅读体验。

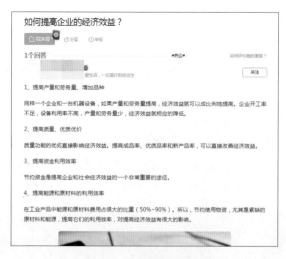

图 5-18　知识科普类的回答

5.3　百度贴吧：基于关键词的交流社区

百度贴吧上线时间为2003年，它是一种基于关键词的主题交流社区，将一群对同一个话题感兴趣的网友聚集在一个"吧"里（相当于在一个话题讨论组里进行交流），能够让人快速地找到志同道合的朋友。

贴吧内容涵盖了多种类型的话题，包括但不限于自然、社会、科学、法治、人文、历史等，为网友提供了一个交流兴趣的平台，通过发帖的形式进行互动交流，到2023年5月为止，已经有2350多万个因兴趣创立的贴吧。本节主要介绍百度贴吧的使用技巧。

5.3.1　找到感兴趣的贴吧

进入百度贴吧首页，在左侧的板块中可以看到贴吧的分类，如图5-19所示，而右侧是一些热门贴吧推荐，可以看到，近期关注人数比较多的热门贴吧都是一些游戏类的，诸如英雄联盟（League of Legends，LOL）、第五人格、王者荣耀等。

图 5-19　左侧板块中贴吧的分类

作为中小型企业，可以多关注与自己企业文化相似的兴趣贴吧，关注吧友最近都在讨论的话题，参与网友们的讨论，从而顺带推广宣传自己企业的品牌。

例如，若企业品牌属于摄影一类，可以在贴吧首页，将鼠标指针移至板块中的"生活家"标签，会显示相关的贴吧推荐，如图5-20所示。

图5-20 "生活家"标签的相关贴吧推荐

若右侧没有我们想要的贴吧类型，可以选中"摄影"标签，如图5-21所示，进入新的页面，在该页面中我们可以选择与摄影相关的贴吧。

图5-21 选中"摄影"标签

例如，想要关注"摄影吧"，可以单击"摄影吧"按钮，进入"摄影吧"页面，如图5-22所示，可以看到吧友们发的帖子。单击主页的"关注"按钮，即可关注感兴趣的贴吧了。

图5-22 进入"摄影吧"页面

5.3.2　查看别人的帖子

贴吧内有很多帖子，网友可以通过发帖的方式和其他人进行交流讨论，也可以借助发帖进行提问求助。贴吧作为一个问答平台，也是借助网友之间的互动交流解决问题的。

企业在运营贴吧账号时，也可以在逛贴吧的过程中，通过回答别人的帖子，推广自己的品牌。那么，该如何查看别人的帖子并进行回答呢？具体操作如下。

例如，运营者进入"摄影吧"后，可以滑动鼠标滚轮浏览相关帖子，遇到感兴趣的帖子后，选择该帖子，如图5-23所示，进入新的页面。

图 5-23　选中感兴趣的帖子

进入页面后，即可看到发帖内容，如图5-24所示。第一楼的楼主即为该帖子的发帖人，楼主通过发帖进行求助。

图 5-24　发帖内容

运营者可以滑动鼠标滚轮，找到页面底部的"发表回复"板块，如图5-25所示，在输入框中通过发表回复来解决楼主的问题，发表回复可以插入图片、视频、表情等，在编辑内容后，单击"发表"按钮，即可回复楼主的帖子。

图 5-25　"发表回复"板块

如果自己也想要发帖，可以返回至"摄影吧"主页，滑动至页面底部，可以看到"发表新帖"板块，如图5-26所示，填写好帖子的标题和内容，即可发表。

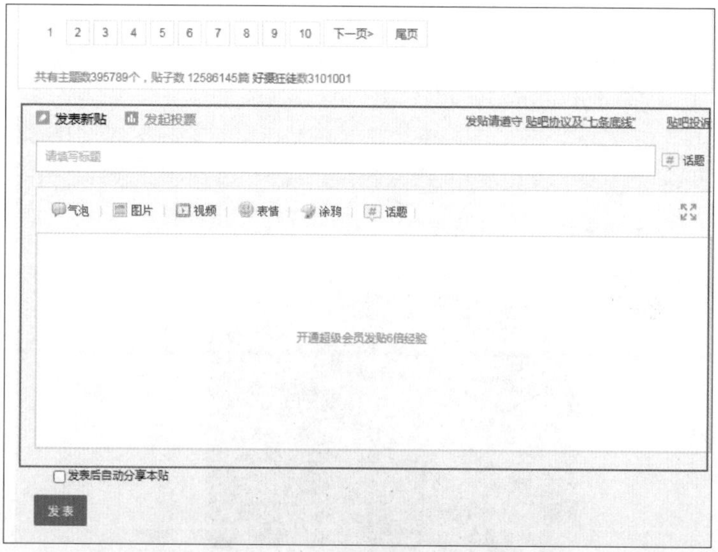

图 5-26　"发表新帖"板块

若想要发起投票，可以切换至右侧的“发起投票”板块，随后跳转至投票信息填写页面，如图5-27所示。在该页面中填写好标题、投票选项等信息，单击“发起投票”按钮，即可发布。

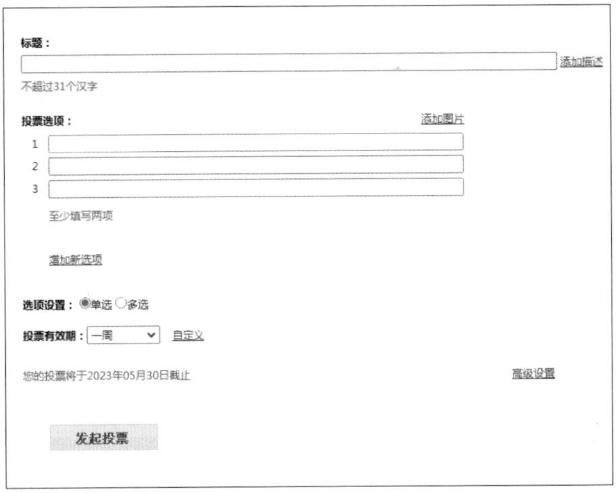

图 5-27　进入投票信息填写页面

★ 专 家 提 醒 ★

在贴吧发起投票需满足账号在该贴吧获得 3 级及以上头衔的条件，等级越高享有的特权越多，提升等级的方式将在下面一节中进行讲述。

5.3.3　提升贴吧的等级

提升贴吧等级，有助于运营者在贴吧结交更多志同道合的朋友，享受更贴心、更强大的功能服务，扩大账号的影响力。越高等级的头衔，在对应的贴吧中获得的等级特权越多。图5-28所示为不同等级与对应享有的特权表。

等级与特权一览表

特权	未关注	1	2	3	4	5	6	7	8	9	10	11	12	13	14	15	16	17	18
等级头衔	×	✓	✓	✓	✓	✓	✓	✓	✓	✓	✓	✓	✓	✓	✓	✓	✓	✓	✓
免验证码	×	✓	✓	✓	✓	✓	✓	✓	✓	✓	✓	✓	✓	✓	✓	✓	✓	✓	✓
投诉优先处理	×	✓	✓	✓	✓	✓	✓	✓	✓	✓	✓	✓	✓	✓	✓	✓	✓	✓	✓
插入音乐	×	×	✓	✓	✓	✓	✓	✓	✓	✓	✓	✓	✓	✓	✓	✓	✓	✓	✓
插入视频	×	×	×	✓	✓	✓	✓	✓	✓	✓	✓	✓	✓	✓	✓	✓	✓	✓	✓
语音贴	×	×	×	✓	✓	✓	✓	✓	✓	✓	✓	✓	✓	✓	✓	✓	✓	✓	✓
发起投票	×	×	×	✓	✓	✓	✓	✓	✓	✓	✓	✓	✓	✓	✓	✓	✓	✓	✓
高级表情	×	×	×	✓	✓	✓	✓	✓	✓	✓	✓	✓	✓	✓	✓	✓	✓	✓	✓
涂鸦	×	×	×	×	×	×	✓	✓	✓	✓	✓	✓	✓	✓	✓	✓	✓	✓	✓

图 5-28　不同等级与对应享有的特权表

想要提升在贴吧的等级头衔，主要取决于获取的经验值的多少，不同的贴吧获取的经验值是不能互通的，想要查看不同贴吧的等级，可以进入个人贴吧主页，如图5-29所示，在主页下方可以看到自己所有贴吧的等级。

图 5-29　个人贴吧主页

不同的等级所需要的经验值不同，越高的等级提升所需经验值越多，表5-5所示为会员等级和经验值对照表。

表 5-5　会员等级和经验值对照表

级别	所需经验值	级别	所需经验值
1	1	10	2000
2	5	11	3000
3	15	12	6000
4	30	13	10000
5	50	14	18000
6	100	15	30000
7	200	16	60000
8	500	17	100000
9	1000	18	300000

那么，我们该如何快速获取经验值，从而提升等级，获取更多的等级特权呢？具体内容如下。

图5-30所示为签到所获取的对应经验值。

签到说明

连续签到	PC经验	客户端经验	字体加粗	红色字体	一举橙名
1天	+2	+6	✕	✕	✕
2天	+4	+8	✕	✕	✕
10天	+4	+8	✓	✕	✕
20天	+4	+8	✓	✓	✕
30天	+4	+8	✓	✓	✓

图 5-30　签到所获取的对应经验值

表5-6所示为参与贴吧的相关互动所获取的对应经验值。

表 5-6　参与互动所获取的对应经验值

行为	规则	累积	PC经验	客户端经验	超级会员经验
发主题		1次	1	3	6
回复	4种行为累积	2～3次	2	6	12
发投票		4～5次	3		
投票		6次以上	4		

★ 专家提醒 ★

通常情况下，经验值不会下降。如果帖子被删除，或被识别为水贴（主要指骗回复、刷帖刷楼等），则该帖之前所产生的加分会被收回，但不会额外扣分。

为保证公平、公正，大家可以互相监督，发现作弊，可以向"等级监督团"举报，一经查实，一定从严惩处并公示。

5.4　其他平台

除了上述平台，还有其他比较常见的问答平台，例如搜狗问问、360问答、虫部落等。运营者如果想要扩大自媒体矩阵，这3个平台也是不错的选择。本节将对这3个平台进行大致介绍。

5.4.1　搜狗问问

搜狗问问同样也是问答互动平台，类似于百度知道，用户可以提出问题、解决问题，或者搜索其他用户沉淀的精彩内容，结交更多有共同爱好的朋友，共同享受探讨知识的过程等。

搜狗问问使用QQ号登录，有经验值和积分，经验值用来提升等级，分数用来悬赏，每个用户有自己的人气和声望。图5-31所示为搜狗问问的首页。

图 5-31　搜狗问问的首页

在首页切换至"问题分类"板块，可以看到问题的全部分类，如图5-32所示，用户可以根据不同的分类对问题进行筛选。

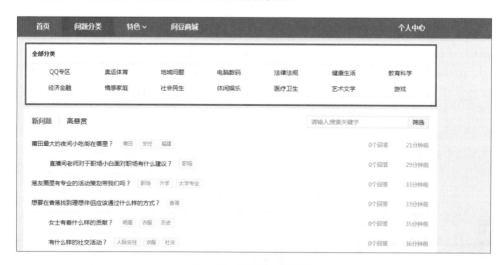

图 5-32　问题的全部分类

在首页切换至"问豆商城"板块，在该板块中会显示许多可以通过积分兑换的奖品，如图5-33所示。

图 5-33　通过积分兑换的奖品

★ 专家提醒 ★

问豆商城用来兑换商品的问豆是通过积分换取的，积分需要通过在搜狗问问对提问者提出的问题进行解答而获得，包括处理问题、提交答案、答案被采纳等多种方式。同时，若答案被管理员删除，也会扣除相应的积分。

5.4.2　360问答

360问答是360搜索旗下的产品，由用户有针对性地提出问题，并由问答本身的奖惩机制来发动其他用户来解决问题。同时，这些问题的答案又会进一步作为搜索结果，提供给其他有类似疑问的用户，达到分享知识的效果，以此营造"你问大家答"的良好网络知识氛围。

图5-34所示为360问答的首页。

图 5-34　360 问答的首页

在360问答首页，将鼠标指针移至"问题库"板块处，会显示15大分类问题汇集，如图5-35所示，问题库能够帮助我们直接搜索信息。

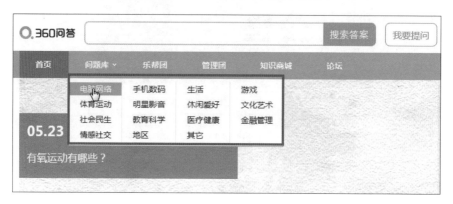

图 5-35　15 大分类问题汇集

例如，若想要解决手机数码类的问题，可以单击"手机数码"按钮，跳转至"手机数码"页面，如图5-36所示。在该页面中会显示更细的标签分类，如手机平板、摄影器材等，运营者可以根据需要选择标签，对问题进行筛选。

图 5-36　"手机数码"页面

5.4.3　虫部落

虫部落是一个资料搜索引擎，同时也是一个社区型的平台，网站上会提供一些用户需要的资料、知识供人直接搜索，相比较其他问答平台，虫部落的资料更齐全，干货更多，非常适合学习和查找资料。图5-37所示为虫部落首页。

图 5-37　虫部落首页

虫部落分为 5 大板块，分别是快搜、学术搜索、Wiki（维基，在网络上开放且可供多人协同创作的超文本系统）、教程和隔壁。

在首页单击"快搜"按钮，进入"快搜"页面，可以看到页面左侧提供了许多大型搜索引擎，如图5-38所示，在"快搜"板块，不管是什么类型的资料查找，基本都能提供，包括图片搜索、新闻搜索、地图搜索和音乐搜索等，汇聚了各大搜索引擎的资料库，能最大限度地满足用户的需求。

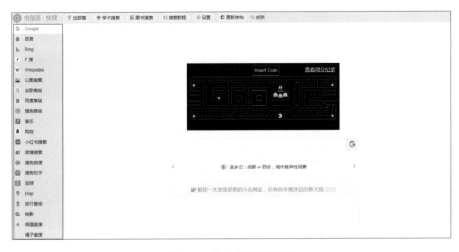

图 5-38　许多大型搜索引擎

进入"学术搜索"板块，同样在页面左侧可以看到虫部落提供了许多学术网站，如图5-39所示，包括一些国外的文库，在这里我们可以搜索到许多文献。

图 5-39　提供的许多学术网站

例如，我们选择"百度学术"文库，在右侧的文本输入框中输入"转基因食品"，随后跳转至结果页面，在这里会显示系统为我们找到的文献内容，如图5-40所示。

图 5-40　显示找到的文献内容

第 6 章

矩阵 3：音频平台，拉近
与用户的距离

　　音频平台具有易传播、易获取、低成本及无时无处不在的特点，虽然受众相对图文平台和问答平台来说会比较少，但用户重复率很低，运营好音频平台，能够扩大其他领域的用户来源，也是打造全媒体矩阵必不可少的一环。

6.1　喜马拉雅：多种终端的音频分享

喜马拉雅是国内顶尖的音频分享平台。用户可以在平台上传、收听各种音频内容。它支持手机、电脑、车载终端等多种智能终端。该平台官网的推荐首页，推荐了6个比较热门的音频节目。在热门推荐下，还有平台的小编推荐频道。

喜马拉雅平台的用户除了收听音频节目，还可以进一步申请成为主播，从而发布自己的音频内容到平台上。本节主要介绍喜马拉雅平台的使用方法。

6.1.1　喜马拉雅首页

喜马拉雅平台上有很多不同种类的音频节目，具体包括：有声书、音乐、娱乐、相声评书、儿童、资讯、脱口秀、情感生活、历史、人文、教育培训、英语、广播剧、戏曲、电台、健康养生、旅游、汽车、动漫游戏和电影等。进入喜马拉雅官网，在首页单击"频道"按钮，可以看到各种不同分类的频道，如图6-1所示。

图 6-1　不同分类的频道

往下滑动页面，在"全部节目"板块中，可以看到各种类型的节目，系统会根据受欢迎程度进行综合排序，如图6-2所示。

同时，我们也可以切换至"最多播放"或"最近更新"选项卡，根据需要选择自己喜欢的音频节目。

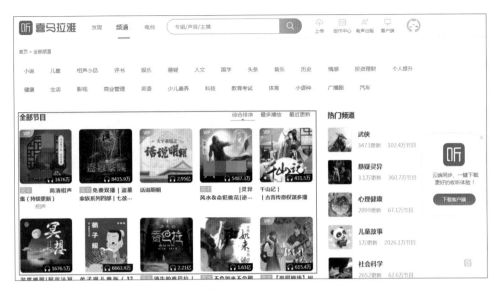

图 6-2　各种类型的节目

6.1.2　申请创作认证

若运营者要在喜马拉雅平台发表自己的音频作品，需要进入"创作中心"页面，先进行主播认证，解锁后能获得 6 大特权，如图 6-3 所示，认证后才能够进行上传音频文件或剪辑等操作。

图 6-3　认证解锁后获得 6 大特权

具体认证步骤如下。

步骤 01 在"创作中心"页面，单击"一键认证"按钮后，进入认证页面。

以个人实名认证为例，在"实名认证"选项卡中单击"去认证"按钮，如图6-4所示。

图6-4　单击"去认证"按钮

步骤02 跳转至新的页面，用手机版喜马拉雅App扫描二维码，如图6-5所示。

图6-5　用手机版喜马拉雅 App 扫描二维码

步骤03 用手机版App扫描二维码后，进入"实名认证"界面，如图6-6所示，填写相关信息，即可完成实名认证。

图 6-6　进入"实名认证"界面

6.2　蜻蜓 FM：内容分类丰富的收听应用

蜻蜓FM是一款强大的广播收听应用，用户可以通过它收听国内、海外等地区的千个广播电台，内容覆盖文化、财经、科技、音乐、有声书等多种类型。本节主要为大家介绍蜻蜓FM的使用方法。

6.2.1　功能特点

蜻蜓FM与其他音频平台相比，具有如图6-7所示的功能特点。

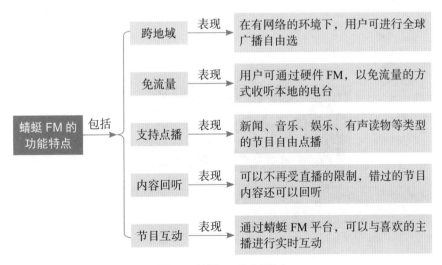

图 6-7　蜻蜓 FM 的功能特点

蜻蜓FM的内容分类十分丰富，包括小说、音乐、相声小品、脱口秀、情感、历史等多种类别。用户可以直接通过搜索栏寻找自己喜欢的音频节目。

6.2.2　主播入驻

如果想要录制声音并上传节目，可以登录蜻蜓FM官网，在首页单击"主播入驻"按钮，跳转至"主播公众平台"注册页面，如图6-8所示，在页面中注册账号并登录。

图 6-8　"主播公众平台"注册页面

登录后，进入"主播公众平台"后台页面。如果需要上传节目，需要先进行身份认证，单击右上角的"去认证"按钮，如图6-9所示。

图 6-9　单击"去认证"按钮

跳转至"身份认证"页面，如果以个人身份进行主播入驻，可以进入"个人认证"板块，如图6-10所示，在该板块填写姓名、证件类型及照片等认证资料。

图 6-10　进入"个人认证"板块

如果以机构身份进行主播入驻，可以切换至"机构认证"板块，如图6-11所示，填写好机构名称、统一社会信用代码并上传营业执照。

图 6-11　切换至"机构认证"板块

认证成功后，即可去开通直播或上传节目了，但主播在运营账号过程中要遵守平台主播规范，在"帮助中心"板块可以查询平台主播规范，具体内容如图6-12所示。

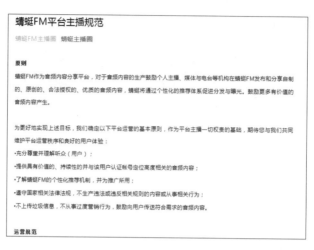

图 6-12　蜻蜓 FM 平台主播规范

6.2.3　企业合作

企业可以充分利用用户碎片化需求，通过蜻蜓FM音频平台来发布产品信息广告。音频广告的营销效果比其他形式的广告要好，广告投放更为精准。而且，音频广告的运营成本也比较低廉，十分适合本地中小企业用来进行长期推广。

登录蜻蜓FM官网，在首页单击"联系我们"按钮，可以进入新的页面，看到相关联系方式，如图6-13所示。通过这些联系方式，中小企业可以和相关行业的主播电台进行合作推广。

图 6-13　相关联系方式

6.3　荔枝 FM：可利用的海量音频资源

在音频渠道中，荔枝FM无疑也是一个值得运营者关注的语音直播平台。在这个平台上，用户可以收听各种优秀的电台节目。更重要的是，就如其宣传语"人人都是主播"一样，它是一个支持在手机终端推出自媒体电台的平台。

同时，荔枝FM打造了一条从节目录制到一键分享至各社交平台的完整的生态链。本节为大家介绍荔枝FM的使用技巧。

6.3.1　荔枝FM首页

下载好荔枝FM App，登录账号后进入"声音"界面，如图6-14所示，可以看到推荐的相关语音直播间，滑动最上面一栏的选项卡，可以切换电台种类，例如切换至"情感"选项卡，如图6-15所示。

图 6-14　进入"声音"界面

图 6-15　切换至"情感"选项卡

6.3.2　查看主播中心

若运营者想要通过荔枝FM进行平台运营，可以切换至"我的"界面，在"主播中心"板块中了解相关功能，如图6-16所示。

点击"创作中心"按钮，进入新的界面，在这里可以查看自己的创作数据。例如，在"声音中心"界面，可以看到音频录制的相关数据，如图6-17所示。指数决定了运营者的节目被推荐到首页的概率，等级越高相应享有的特权也越多。

图 6-16　"主播中心"板块

图 6-17　音频录制的相关数据

例如，运营者想要进行声音录制，该怎么操作呢？具体步骤如下。

步骤 01 运营者在"主播中心"板块中点击"录声音"按钮后，进入"音乐"界面，如图6-18所示。

步骤 02 点击 按钮，弹出"百变音效"面板，如图6-19所示，可以适当为声音加入音效，例如尴尬、掌声、灵异、群人大笑等，对录制音频进行润色添彩。

图 6-18　进入"音乐"界面

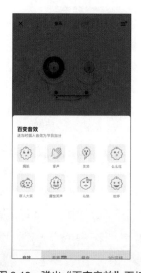

图 6-19　弹出"百变音效"面板

步骤 03 点击 ⅰ 按钮，开始录制声音，如图6-20所示，在这个过程中要注意保持周围环境安静，条件允许时，可佩戴耳机录制，会使声音更清晰、干净。

步骤 04 再次点击 ⅰ 按钮，即可暂停录制，点击 ⅰ 按钮，可继续录制。录制结束后，点击 ⅰ 按钮进行保存，如图6-21所示。

图 6-20 开始录制声音　　　　　　　　　　图 6-21 点击相应的按钮进行保存

步骤 05 在弹出的对话框中输入录制的标题，点击"录制完成"按钮，如图6-22所示。

步骤 06 进入"发布"界面，如图6-23所示，填写好相应的信息，并点击"发布"按钮，即可发布声音。

图 6-22 点击"录制完成"按钮　　　　　　图 6-23 进入"发布"界面

第7章

矩阵4：视频平台，更立体多面地呈现

打造全媒体矩阵，一定离不开视频平台的运营，通过短视频创作，能够实现带货卖货、推广、品牌宣传等一系列营销，入驻短视频平台，已成为新时代的趋势，企业要打造线上全媒体矩阵，重点是运营好短视频账号。

7.1　抖音运营：多种变现方式

抖音目前已成为短视频平台的头部，全球月活跃用户数量达到5亿，运营好抖音，并通过抖音的巨大公域流量进行商业变现，是企业需要重点关心的话题。本节将为大家介绍利用抖音变现的4种方式。

7.1.1　知识变现

知识付费是目前非常火热的一种变现方式，一些教育培训机构通过抖音平台宣传自己的课程内容，通过吸引用户引导报名来达到变现的目的。图7-1所示为某运营者在抖音上宣传素描学习课程的视频。

图 7-1　素描学习课程的视频

7.1.2　电商变现

在抖音电商运营中，运营者可以通过开通商品橱窗或抖音小店，然后售卖商品来变现。下面笔者就分别介绍商品橱窗和抖音小店的相关内容。

1. 商品橱窗

开通商品橱窗可以让抖音运营者拥有商品分享的权限，开通了商品橱窗后，会在其个人账号主页中添加入口，如图7-2所示。

图 7-2　抖音个人主页的商品橱窗入口

那么，运营者该如何开通商品橱窗呢？其具体操作步骤如下。

步骤01　打开抖音App，在"我"界面，点击≡按钮，如图7-3所示。

步骤02　在右侧弹出的面板中选择"抖音创作者中心"选项，如图7-4所示。

图 7-3　点击相应的按钮

图 7-4　选择"抖音创作者中心"选项

步骤03　跳转至新的界面，在"我的服务"面板中点击"电商带货"按钮，如图7-5所示。

步骤04　进入"抖音电商"界面，若已实名认证，可直接点击"立即加入电商带货"按钮，如图7-6所示，申请成功后，即可开通商品橱窗功能。

图 7-5　点击"电商带货"按钮

图 7-6　点击"立即加入电商带货"按钮

2. 抖音小店

抖音小店是抖音平台为商家提供的带货工具，其开通的操作步骤如下。

步骤 01 进入"抖音创作者中心"界面，在"我的服务"面板中点击"开通小店"按钮，如图7-7所示。

步骤 02 进入开通抖店界面，可以看到抖音电商的相关权益，点击"入驻抖音电商"按钮，如图7-8所示。

图 7-7　点击"开通小店"按钮

图 7-8　点击"入驻抖音电商"按钮

步骤03 进入"认证类型选择"界面，根据实际情况选择相应类型进行认证，以"个体工商户"为例，点击"立即入驻"按钮，如图7-9所示。

步骤04 进入"入驻抖音电商"界面，如图7-10所示，按照平台要求填写相关信息，点击"下一步"按钮。

图 7-9　点击"立即入驻"按钮

图 7-10　进入"入驻抖音电商"界面

步骤05 执行操作后，继续完成店铺信息、平台审核和账户验证等操作，即可开通抖音小店。

7.1.3　直播变现

由于抖音直播相对视频创作的门槛更低，且用户包容度更高，更愿意观看，因此抖音直播已成为大部分运营者变现的主要选择，其变现主要有两条途径，一是用户打赏，二是直播带货。图7-11所示为"礼物"界面。

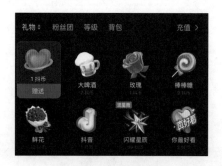

图 7-11　"礼物"界面

图7-12所示为直播间的购物车商品。

图 7-12　直播间的购物车商品

7.1.4　咨询变现

如果运营者对某个专业领域很了解或有所成就，那么就可以为有需求的用户提供咨询服务，解决用户的难题，从而获取服务费用。图7-13所示为抖音平台的法律咨询服务。

图 7-13　法律咨询服务

7.2 快手运营：进行账号定位

在做视频平台运营时，运营者首先要做好账号设置和内容定位，为视频账号找到自己擅长的垂直领域，才能够进行视频的运营及变现。本节主要讲述在快手平台做好账号设置及内容定位，需要掌握的几个技巧。

7.2.1 设计封面标题

快手作为一个专业的短视频社区平台，运营者可以利用短视频来为自己吸引更多的粉丝和用户，而不能仅靠直播来吸引人气和流量。运营者要想通过短视频来为自己引流，除了打造优质的内容，短视频封面和标题的包装也非常重要。所以，接下来笔者就来讲一下快手短视频封面和标题的相关要求。

（1）封面最好采用竖屏的尺寸，因为竖屏能铺满整个屏幕，能展示更丰富的内容，对用户的视觉冲击更大。图7-14所示为横屏和竖屏封面的视频对比。

图 7-14　横屏和竖屏封面的视频对比

（2）封面图片要清晰，色彩饱和度要高。

（3）要保证封面内容的完整性。例如，当以人物作为视频封面时，人物的头部和上半身要显示完整，不要只显示"半个头"。

（4）选择视频中最吸引人的一帧画面作为封面图片，引起用户兴趣。

快手短视频的标题一般是包含在封面图片中的，所以标题的字体颜色要与封面背景形成反差，标题字体不能设置得太小，至少要让人能够看清楚；标题要精简，具有对话的互动感，格式排版要整齐划一。

下面我们就来看两个快手短视频标题的案例，如图7-15所示。

图 7-15　快手短视频标题案例示范

7.2.2　树立人设风格

打造人设是快手运营非常重要的部分之一，快手平台上那些运营达人无一例外都有着自己独特的风格和鲜明的人设。所以，运营者新手可以通过账号的4个方面来打造人设，具体内容如下。

1. 账号头图

头图是快手运营者进行宣传和营销的好地方，许多营销人员都利用快手的头图来进行引流。但需要注意的是，不要使用文字太多的图片来作为头图的封面，这样不仅影响美观，而且会让用户感到不适。

运营者要根据快手账号的定位来进行头图的封面设置。目前，快手账号头图的设计主要有以下4种形式，具体内容如下。

- 对快手账号的信息进行补充和完善。
- 引导关注，比如更多精彩内容，请关注我。
- 与账号的头像一致，形成统一风格。
- 留下联系方式，进行引流和推广。

2. 账号名称

账号名称要能直接表示运营者的身份，有个性特点，没有生僻字，容易被人记忆和传播。当然，也可以使用自己的真实姓名，如图7-16所示。

3. 账号头像

非动漫领域的运营者建议使用真人照片作为账号头像，头像要与内容的风格统一。图7-17所示就是以真人照片作为头像的快手账号。

图 7-16　以真实姓名作为账号名称

图 7-17　以真人照片作为账号头像

4. 账号简介

账号简介的内容务必用最精炼的话来描述。例如"快手短剧"账号，简介字数控制在了5行，如图7-18所示。如果超过5行，多余的信息会被隐藏到"展开"中，需要点开才能看见。

图 7-18　账号简介

7.2.3 增强粉丝黏性

在快手运营的起步阶段，运营者需要用短视频来为自己积累粉丝。前面笔者提到过快手平台的强社交属性，运营者和粉丝之间的互动程度很高。

除了前面所讲的创建群聊和发表说说这两种互动方式，还有两种互动形式，那就是评论和直播。如果说短视频的内容是用来吸粉的，那么直播的作用就是沉淀粉丝，进一步巩固和粉丝的关系。

7.3 小红书运营：图文与视频兼顾

小红书作为一个电商内容社区平台，自2013年发展至今已积累了大量的用户，如今小红书平台的月活跃用户数量已经过亿，且大部分用户都是90后这一年轻群体，具有更强的消费能力，运营好小红书账号，能够为企业发展带来更大潜力。本节主要介绍小红书账号的运营技巧。

7.3.1 了解社区公约规范

和其他平台相比，小红书的创作门槛和变现门槛比较低，这也是为什么越来越多的优质内容创作者入驻的原因之一。

2021年12月，小红书再次更新了社区规范，从分享和互动两个角度对小红书作者的社区行为规范做出了相关规定，如图7-19所示。

图 7-19 社区规范

7.3.2 选择擅长的领域

要想运营好小红书账号，首先运营者需要为自己选一个合适的领域，比如自己感兴趣或者擅长的领域。

其实，小红书还有一个特殊的领域，那就是小红书视频号。需要注意的是，小红书视频号并非微信平台的那种视频号，小红书视频号是平台给优质视频作者的一个身份，加入小红书视频号的运营者将获得图7-20所示的功能和权益。满足图7-21所示条件的运营者即可申请开通视频号。

图 7-20　小红书视频号的功能和权益

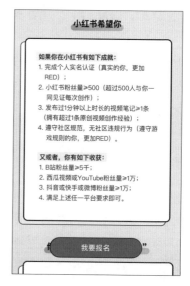

图 7-21　小红书视频号的申请条件

7.3.3 编辑个人资料

选择好领域之后，我们要做的就是编辑账号资料。在"我"界面，点击"编辑资料"按钮，进入"编辑资料"界面。有4项信息的编写和设置至关重要，即头像、名字、小红书号和个人简介。因为这几项（除小红书号以外）信息必须和你所选的领域相关，和你的账号定位相匹配，这样才有利于打造你的人设，提高账号的权重和垂直度。关于这几项信息设置技巧的具体内容如下。

（1）头像：可以用真人照片作为头像，这样可以增加账号的真实性，也可以用动漫形象图片和与领域相关的图片。

（2）名字：名字尽量与所选领域相匹配，也可以用个人的真实姓名。

（3）个人简介：内容要展现自己的优势和成就，以及能够为用户带来的价值，这样才能吸引他们的关注，最好加上联系方式，方便引流。

（4）小红书号：小红书号是运营者的账号ID（Identity Document），即用户名，用户可凭借此ID进行搜索找到运营者，因此其设置原则要方便用户搜索和记忆。图7-22所示为"编辑资料"界面，可以修改小红书号。

图 7-22　"编辑资料"界面

另外，对美妆、时尚领域的运营者来说，还有两项资料信息可以进行填写，那就是"我的肤质"和"我的穿搭信息"。当运营者推荐美妆和服装产品时，完善这两项信息有助于用户更好地进行参考。图7-23所示为"我的肤质"界面，图7-24所示为完善穿搭信息界面。

图 7-23　"我的肤质"界面

图 7-24　穿搭信息界面

7.3.4 了解平台机制

关于小红书的平台机制，这里从两个方面来进行阐述，分别是推荐机制和权重机制，具体内容如下。

1. 推荐机制

小红书的推荐机制和其他平台相比多了一个收录的步骤。如果运营者发布笔记之后笔记没有被系统收录，那么就无法获得推荐。我们可以通过是否能搜到笔记的方法来检测该笔记是否被收录。笔记被系统收录后就可以获得推荐，推荐的原理和其他平台一样是逐级进行的，系统会根据流量推荐的数据反馈来决定笔记的曝光量。

★ 专家提醒 ★

如果在系统推荐的过程中，笔记被人举报，那么推荐量就会下降，也就是通常所说的限流。

2. 权重机制

另外，账号的权重也会影响平台对内容的推荐。小红书平台的权重机制主要有以下几个方面，如图7-25所示。

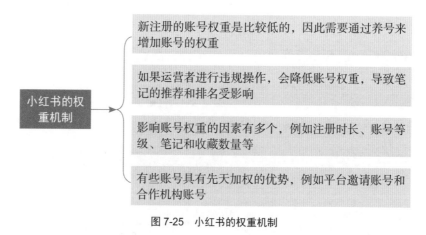

图 7-25 小红书的权重机制

7.3.5 提高账号权重

笔者前面讲过，新注册的账号权重比较低，所以运营者需要进行养号来提高账号的权重。养号是在任何平台做运营都需要经历的一个阶段，那种刚注册就发内容的账号很容易被平台判断为营销号，从而遭到打压和限流。

那么，我们该如何来进行养号呢？运营者在正式进行运营之前可以模拟普通用户的使用习惯，浏览自己感兴趣的笔记，看到优质的内容进行点赞、收藏和评论等，或者搜索并关注自己喜欢的作者。

★ 专家提醒 ★

需要注意的是，运营者在通过这些操作行为进行养号时，千万不能过度，比如在一天内疯狂地进行浏览和点赞，这样也会有敏感操作的嫌疑。

至于账号养多久合适，笔者建议至少进行半个月，时间越久，账号权重就越高，而且每天使用小红书App的时间尽量在半个小时以上。

7.3.6　确定创作内容

很多运营新手在进行创作时不知道该做什么内容，找不到选题的方向，基于这种情况，下面给大家介绍一些选题的技巧。

1. 结合热点话题

热点话题包括当前热播的影视作品、综艺节目和全民讨论的社会话题等，热度越高的话题越能引起用户的兴趣。因此，运营者平时可以多关注一些最近的热度榜单，例如百度热搜榜单，去了解相关的热点话题和热门内容。图7-26所示为百度热搜热点榜单。

图 7-26　百度热搜热点榜单

在结合热点话题进行创作时，运营者还需要注意两点，如图7-27所示。

结合热点话题的注意事项

不要盲目地去蹭热点，要选择与自己账号定位相符的热点内容。另外，还要注意避开敏感话题

注意热点内容的时效性，所以运营者要及时抓住热点，尽快创作出内容

图 7-27　结合热点话题的注意事项

2. 选择节日活动

运营者可以根据节日活动来策划选题，因此我们要关注一些节假日的时间节点，例如传统节假日（春节、端午节、中秋节等）、开学季、电商购物节（618、双11）等，根据这些节日话题来创作内容。

另外，运营者还可以创作和特定时期相关的盘点类内容，比如在年尾的时候作关于年度新品发布的总结，或者在"十一黄金周"做关于旅游记录的视频。

3. 关注官方账号

在小红书平台上，有专门负责推广小红书账号的官方引流账号，也有各领域的官方账号，例如"薯队长""美妆薯"等。运营者可以根据自己的领域选择相应的官方账号，从而获取最新的话题和资讯。图7-28所示为小红书官方账号"薯队长"和"美妆薯"。

图 7-28　小红书官方账号"薯队长"和"美妆薯"

4. 关注同领域作者

此外，运营者还可以多关注和自己同领域创作者的内容动态，看他们有哪些优质的内容和创作亮点，以便进行学习和借鉴，进而从中获得更多的灵感，这也

是大多数新手运营者经常采用的方式之一。

7.3.7　设计封面和标题

不管是视频笔记还是图文笔记，要想吸引用户的眼球，从而点击自己的内容，关键还得从封面和标题入手。下面就从封面和标题两个方面来教大家如何增加用户对笔记的点击量。

1. 封面

制作视频或图文的封面主要有3种方式，如图7-29所示。

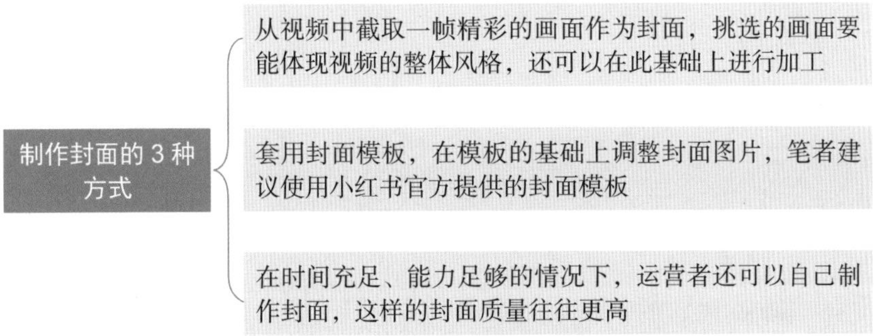

制作封面的3种方式

- 从视频中截取一帧精彩的画面作为封面，挑选的画面要能体现视频的整体风格，还可以在此基础上进行加工
- 套用封面模板，在模板的基础上调整封面图片，笔者建议使用小红书官方提供的封面模板
- 在时间充足、能力足够的情况下，运营者还可以自己制作封面，这样的封面质量往往更高

图 7-29　制作封面的 3 种方式

在制作封面的过程中，运营者还需要注意以下几个要点，如图7-30所示。

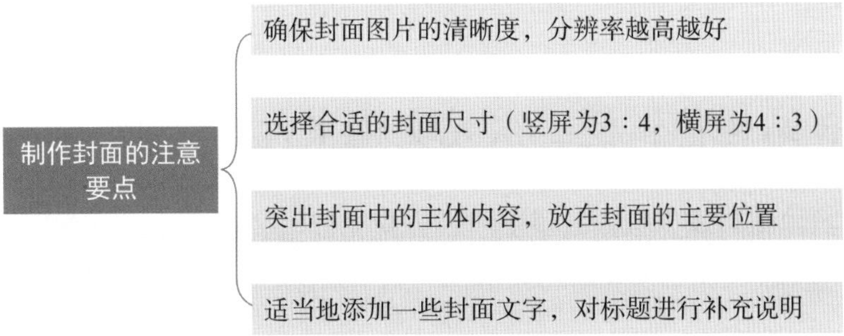

制作封面的注意要点

- 确保封面图片的清晰度，分辨率越高越好
- 选择合适的封面尺寸（竖屏为3∶4，横屏为4∶3）
- 突出封面中的主体内容，放在封面的主要位置
- 适当地添加一些封面文字，对标题进行补充说明

图 7-30　制作封面的注意要点

除此之外，运营者还要注意封面图片的色调处理，对此运营者可以给图片添加合适的滤镜或者进行手动调节。

2. 标题

除封面以外，标题也是吸引用户点击的关键因素。那么，什么样的标题点击率高呢？接下来教大家几点标题创作的技巧，如图7-31所示。

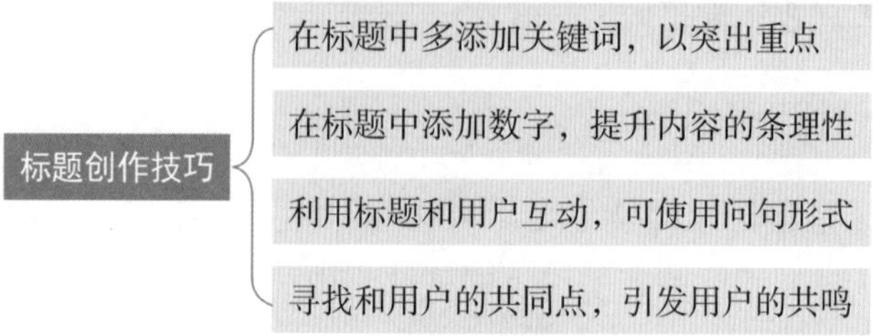

图 7-31　标题创作技巧

★ 专家提醒 ★

运营者在发布笔记时，标题不能超过 20 个字，字数不要太多，也不能过少；要确保语句通顺，没有错别字。

另外，笔者提醒大家千万别做标题党，常见的标题党主要有以下 4 种情况，如图7-32所示。

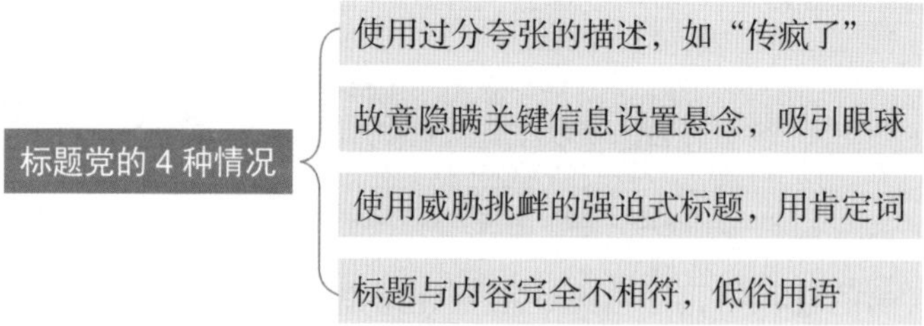

图 7-32　标题党的 4 种情况

7.4　B 站运营：泛二次元文化平台

B站的视频内容更多地属于泛二次元文化，与其他短视频平台的用户重复率较低，运营好B站，能获得不同群体的用户来源。本节将主要介绍B站的运营技巧。

7.4.1　视频投稿

视频投稿是B站内容创作的常见形式，下面介绍UP主（UP即upload的缩写，即上传视频的人）进行视频投稿的操作步骤。

步骤 01　打开"哔哩哔哩"App，在"我的"界面中点击"发布"按钮，如图7-33所示。

步骤 02　在弹出的面板中点击"上传视频"按钮，如图7-34所示。

图 7-33　点击"发布"按钮　　　　　　　　图 7-34　点击"上传视频"按钮

步骤 03 进入"最近项目"界面，如图7-35所示，从"视频"选项区中任意选择一段视频。

步骤 04 选中视频后，点击"去编辑"按钮，如图7-36所示。

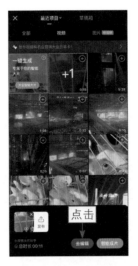

图 7-35　进入"最近项目"界面　　　　　　图 7-36　点击"去编辑"按钮

步骤 05 进入视频编辑的界面，可以对视频进行裁剪、添加音乐等操作，完成视频编辑后，点击"下一步"按钮，如图7-37所示。

步骤 06 进入"发布视频"界面，等待视频上传完成，如图7-38所示。按照平台要求填写完相应的信息后，点击"发布"按钮即可。

图 7-37　点击"下一步"按钮

图 7-38　进入"发布视频"界面

运营者还可以通过拍摄视频的方式来进行投稿。具体操作如下。

步骤01 点击主页的"发布"按钮后，在底部弹出的面板中点击"拍视频"按钮，如图7-39所示。

步骤02 进入视频拍摄界面，点击●按钮，如图7-40所示，即可开始录制。再次点击●按钮完成拍摄，进入视频编辑界面，后面的步骤和前面一样，这里不再赘述。

图 7-39　点击"拍视频"按钮

图 7-40　点击相应的按钮

7.4.2　专栏投稿

在B站除了可以发布视频，还可以发布图文，也就是B站的专栏投稿。那么，UP主该如何进行专栏投稿呢？具体的操作步骤如下。

步骤 01 进入"哔哩哔哩"App，在"我的"界面点击"发布"按钮，然后在底部弹出的面板中点击"写专栏"按钮，如图7-41所示。

步骤 02 进入"专栏投稿"界面，如图7-42所示。完成专栏文章内容的创作之后，选择专栏分类并上传封面，最后点击"提交文章"按钮即可。

图 7-41　点击"写专栏"按钮　　　　　图 7-42　进入"专栏投稿"界面

另外，在进行专栏投稿的时候，UP主需要遵守《哔哩哔哩专栏内容上传协议》和《哔哩哔哩专栏规范》，如图7-43所示。

图 7-43　《哔哩哔哩专栏内容上传协议》和《哔哩哔哩专栏规范》

7.4.3　音频投稿

在B站除了可以进行视频投稿和专栏投稿，还支持音频投稿。不过，UP主需要注意的是，音频投稿目前只支持在电脑端操作。

步骤01　进入B站官网，登录账号后，将鼠标指针放到右上角的"投稿"按钮上，在弹出的列表中选择"音频投稿"选项，如图7-44所示。

图 7-44　选择"音频投稿"选项

步骤02　进入"音频投稿"页面，UP主可选择"上传单曲"或者"上传合辑"。笔者这里以"上传单曲"为例，单击"上传单曲"按钮，如图7-45所示。

图 7-45　单击"上传单曲"按钮

步骤03　弹出"打开"资源管理器对话框，选择音频文件，单击"打开"按钮，如图7-46所示。

图 7-46　单击"打开"按钮

步骤 04 执行操作后，等待文件上传完成后，进入信息填写页面，如图7-47所示。按照平台要求填写相关信息，单击"提交稿件"按钮即可。

图 7-47　进入信息填写页面

7.4.4　贴纸投稿

贴纸投稿是指UP主通过设计精美的图片来进行内容创作，这同样能获得收益。因此，为了鼓励UP主创作出更多原创的贴纸，官方还特地推出了bilibili贴纸激励计划，如图7-48所示。

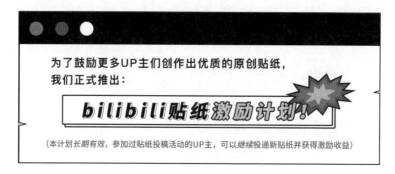

图 7-48　bilibili 贴纸激励计划

UP主还可以在电脑端bilibili创作中心进行贴纸投稿。图7-49所示为"贴纸投稿"页面。

图 7-49　"贴纸投稿"页面

7.4.5　视频引流

在B站通过投稿视频来引流一共有4种操作手段，分别是视频标题引流、视频简介引流、视频内容引流和视频弹幕引流，具体内容如下。

1. 视频标题引流

我们在进行视频投稿时可以将一些吸引人的字眼加入视频标题中，这样能让受众一眼就对你的内容感兴趣。如图7-50所示，创作者在标题中用了"7步"的字眼，来凸显写作速成的技巧。

图 7-50　通过视频标题来引流

2. 视频简介引流

由于在视频标题中加入联系方式可能过不了审，我们可以在视频的内容简介中加入联系方式，但引流效果没有那么明显，因为受众在刷B站视频时一般很少去看视频的内容简介，而且视频简介的内容会被系统默认折叠或隐藏。虽然如此，但这也不失为一种可行的引流方法，如图7-51所示。

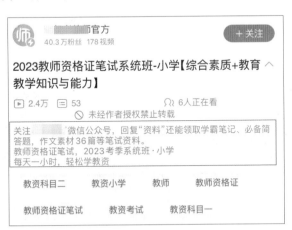

图 7-51　通过视频简介来引流

3. 视频内容引流

另外，有的UP主会在投稿的视频内容中加入联系方式来为自己引流。例如，B站知名UP主"硬核的半佛仙人"，在每期投稿的视频结尾都会加入自己的微信公众号，将B站上的流量引过去，如图7-52所示。

图 7-52　通过视频内容来引流

4. 视频弹幕引流

弹幕文化作为B站视频平台的特色，对增强用户黏性起了很大的作用，发弹幕是用户观看视频进行互动交流最常用的方式。弹幕的优势在于没有时间限制，用户发送了弹幕之后，不管其他人什么时候进来观看视频，都可以看到其发送的弹幕信息，除非他在观看视频时把弹幕给屏蔽了。

图7-53所示为B站视频中用户发送的弹幕信息。

图 7-53　用户发送的弹幕信息

基于这个优点，我们可以在B站视频中把个人联系方式作为弹幕发送出去，这样点击观看这个视频的受众就都能看到你的引流信息了。

新注册的B站用户无法发送弹幕信息，要想开通弹幕功能就必须进行答题转正，新用户点击视频观看时（手机端），点击旁边的"点我发弹幕"按钮，就会弹出"请转正答题"的对话框，点击"继续答题"按钮，如图7-54所示，然后就会跳转至答题界面，如图7-55所示。

图 7-54　点击"继续答题"按钮

图 7-55　答题界面

★ 专家提醒 ★

B 站答题转正制度的设置有 5 个方面的作用，具体内容如下。

（1）让新用户事先了解 B 站的平台规则和社区文化。

（2）可以对用户群体进行筛选，让用户学习弹幕礼仪。

（3）维持用户人数增长和内容质量之间的平衡。

（4）答题转正在一定程度上能提高 B 站的用户黏性。

（5）可以对用户进行分类，优化 B 站的内容机制和算法。

7.4.6　评论引流

B 站视频或者文章下方的评论区也是用户沟通交流的地方。用户在浏览完内容之后会发表一些自己的观点和看法，UP 主在和用户进行互动时，会将自己所要表达的重要信息的评论置顶，这样所有参与互动的用户都可以看到，如图7-56所示。

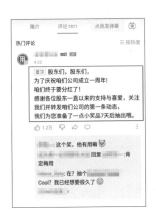

图 7-56　对有重要信息的评论进行置顶

我们在B站进行推广引流时，一定要好好利用评论置顶这个功能，把含有个人微信号的评论进行置顶，可以对私域流量的引流起到意想不到的效果。

7.4.7　简介中引流

一些UP主会将自己的个人微信或者QQ联系方式写在个人主页的资料简介中，以便那些有意向的用户来添加好友，如图7-57所示。

图 7-57　在个人简介上留下微信联系方式进行引流

7.5　视频号：拥有天然的庞大用户

视频号是在微信用户的基础上运营起来的，具有庞大的用户群体，同时结合了短视频的短、快、精等特点，一直以来都有固定的月活跃用户数。运营好微信视频号，有助于维护微信所带来的私域流量。本节主要为大家介绍视频号的运营技巧。

7.5.1　用文章链接引流

微信未来的发展将基于"链接"主题，在现有视频的基础之上，去补充链接。目前，在视频号中能添加的链接只有公众号文章链接，所以视频号运营者可以很好地利用公众号，将视频号用户转化为私域流量。

图7-58所示为某视频号运营者发布的视频作品。该视频号运营者就是将自己的微信二维码添加在公众号文章中，并且加上一段文字说明，引导用户加微信好友，然后以超链接的形式将该篇文章添加在视频号内容下方的。

图 7-58　利用微信公众号文章引流

7.5.2　评论留言引流

视频号的评论区是用户和运营者进行互动的地方，营销人员经常利用评论功能来进行引流。运营者可以在回复评论时留下自己的微信联系方式，这样那些对内容感兴趣或有意向的用户就会添加好友。

7.5.3　发布视频引流

运营者如果想要通过所发布的视频号内容吸引用户，从而转化成为私域流量，可以在视频的描述、文案及内容中展示微信号。

1. 文案

一部分运营者会选择将自己的微信号或者其他的联系方式，以文案的形式添加到视频中，从而将流量转化为私域流量。建议采用这种方法时最好将微信号添加在视频末尾，虽然这样会减少一部分流量，但是不会因为影响内容的观感而导致用户反感。

2. 描述

运营者可以将自己的微信号添加在视频描述中，用户在看完视频之后，如果觉得视频号有意思，传达了有价值或者对他有用的信息，那么就有可能添加微信，如图7-59所示。

图 7-59　在视频描述中添加微信号

3. 内容

这种方法适合真人出镜的短视频，通过视频运营者口述微信号，来吸引用户加好友。这种方法的信任度比较高，说服力比较强，转化效果也比较好。

7.5.4　账号信息中引流

运营者可以通过在账号主页的信息设置中添加微信号来引流，包括视频号昵称和个人简介的设置。下面分别介绍。

1. 视频号昵称

运营者在给视频号起名的时候，将自己的微信号添加在后面。这样其他的用户在看到你的视频号时就能马上知道你的联系方式，如果你发布的内容符合他的需求，那么他就会添加你为好友。

2. 简介

一般来说，运营者会在简介中对自己及所运营的视频号进行简单的介绍。那么，运营者填写信息的时候可以在简介中加入个人微信号，然后吸引用户添加好友，如图7-60所示。

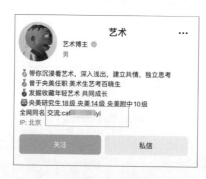

图 7-60　在账号的简介中添加联系方式

除了上面介绍的在昵称和简介中添加联系方式，运营者还可以在视频号作品的封面图片，以及视频号的头像图片中加入自己的联系方式。

7.5.5　做好粉丝运营

微信视频号可以为个人微信号引流增粉，个人微信号也可以帮助视频号运营者更好地维护视频号平台的粉丝，通过对粉丝的管理和维护，可以提高粉丝黏性，提升营销转化率，实现流量持续变现。下面主要从3个方面来介绍维护和管理视频号粉丝的方法，具体内容如下。

1. 改变方法，提高黏性

不管是电商、微商，还是实体门店，都将微信作为主要的营销平台，可见其有效性是毋庸置疑的。所以，运营者完全可以借鉴这些有效的方法，在微信公众号或微信朋友圈中发布营销内容，培养粉丝的忠诚度，激发他们的消费欲望，同时还可以通过微信聊天解决粉丝的问题，提高粉丝的黏性。

在运营粉丝的过程中，微信内容的安排在账号创建之初就应该有一个明确的定位，并基于其短视频内容定位进行微信内容的安排。也就是说，需要运营者做好微信平台的内容规划，这是保证粉丝运营顺利进行下去的有效方法。

例如，公众号"手机摄影构图大全"就对账号的内容进行了定位规划，并在功能介绍中明确说明，推送的内容始终围绕这一定位来输出。

所以，运营者可以借鉴这个方法，给账号做好定位，并且发布其垂直领域的内容，这样引流到私域流量池的粉丝更加精准，能更好地管理和维护粉丝，同时也有利于后续的变现。

2. 营销活动，增加互动

视频号运营者可以在微信中开发一些营销小程序，如签到、抽奖、学习和小游戏等，以提高粉丝参与的积极性。运营者也可以在一些特殊的节假日，在微信上开发一些吸粉引流的H5界面活动，来提升粉丝的活跃度，快速吸引新的粉丝进入微信私域流量池。

在制作微信H5界面活动时，人们经常会组合使用"强制关注+抽奖"这两个功能，可以把H5活动的二维码放到微信公众号文章中，或者将活动链接放入"原文链接"、公众号菜单及设置关注回复等，让用户能及时参与活动。

当制作好H5界面活动后，还需要一定的运营技巧才能实现粉丝的有效增长，具体内容如图7-61所示。

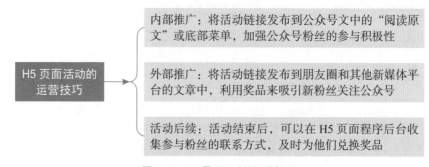

图 7-61　H5 界面活动的运营技巧

3. 打造矩阵，运营粉丝

大部分运营者都会同时运营多个微信号来打造账号矩阵，但随着粉丝数量的不断增加，管理这些微信号和粉丝就成了一个较大的难题，此时运营者可以利用一些其他工具来帮忙。

例如，聚客通是一个社交用户管理平台，可以帮助运营者盘活微信粉丝，引爆单品，具有多元化的裂变和拉新玩法，助力运营者实现精细化的粉丝管理。聚客通可以帮助视频号运营者基于社交平台，以智能化的方式获得及维护新老客户，提升粉丝运营的效率。

7.5.6　打造优质内容

视频号运营者想要利用视频内容来吸引粉丝，关键就是要创作出优质的视频。具体要怎么做呢？首先，运营者需要给自己的视频号做一个定位，而且定位要符合视频号目标用户的需求。

其次，根据视频号的定位，确定视频号的账号名称，符合视频号定位的账号名称更容易被用户搜索和关注。

最后，便是视频号的内容创作。这是非常关键的一环，视频号的定位和名称再好，没有优质的内容作支撑，也无法有长远的发展。

图7-62所示为某视频号发布的短视频，该账号发布的视频内容都比较优质，从视频号的定位到视频拍摄，再到视频的后期处理，都非常优秀，其视频的剧本和文案也都很有创意，因此得到了不少人的关注和点赞。

所以，不管是自己拍摄原创视频，还是在别的短视频基础上进行二次创作，内容都应该有自己的特色和创意。此外，运营者最好能找到适合自己的视频风格。不管视频内容属于什么类型，那些脑洞大或者有创意的短视频，通常会更容易获得用户的青睐。

图 7-62　某视频号发布的短视频

优秀的后期处理对于短视频制作也是必不可少的，好的视频后期剪辑能给视频增加不少亮点。运营者可以多借鉴一下别人制作的短视频，尤其是那些比较热门的短视频，从中寻找灵感。

第 8 章

矩阵 5：直播平台，团购带货第一渠道

近几年，直播平台开始涌入越来越多的用户，许多新媒体平台也逐渐开通直播功能，借助直播发掘带货、团购、线上授课等多种盈利方式，如何打造直播矩阵，是当下企业需要关心的重点。

8.1　直播平台：展现惊人的销售能力

打造全媒体矩阵，必然离不开直播平台，有许多电商平台和短视频平台其实也都可以充当直播平台。本节将为大家讲述一些常见直播平台的开通方法，例如抖音、京东、淘宝、快手、微信、蘑菇街、B站及拼多多直播等。

8.1.1　抖音直播

抖音平台目前是月活跃用户数量最大的自媒体平台，且大部分用户为20～30岁的年轻人，以下是开通抖音直播的方法，只需要一部手机即可。

1. 开通抖音直播的方法

对抖音运营者来说，抖音直播可谓是促进商品销售的一种直接而又重要的方式。那么，究竟要如何开抖音直播呢？下面对开直播的方法和流程进行简单的说明。

步骤 01 登录抖音短视频App，进入视频拍摄界面，切换至"开直播"界面，点击"团购"按钮，如图8-1所示。

步骤 02 进入"全部商品"界面，如图8-2所示，在需要进行直播的商品右侧点击"添加"按钮，即可完成添加。

图8-1　点击"团购"按钮

图8-2　"全部商品"界面

步骤 03 操作完成后，返回"开直播"界面，此时"团购"所在的位置会显示添加的商品数量。确认商品添加无误之后，点击下方的"开始视频直播"按钮，如图8-3所示。

步骤04 操作完成后，便可进入直播界面，如图8-4所示。

图8-3 点击"开始视频直播"按钮

图8-4 进入直播界面

2. 抖音直播中常见问题的解决

在直播的过程中，我们可能会遇到直播没声音、卡屏等问题。那么，这些问题要怎么解决呢？我们可以通过如下操作找到解决方法。

步骤01 从抖音主页中进入"设置"界面，选择界面中的"反馈与帮助"选项，如图8-5所示。

步骤02 进入"反馈与帮助"界面，在"直播问题"选项卡中点击∨按钮，如图8-6所示，展开所有的直播问题。

步骤03 在展开的问题中选择"直播规则"选项，如图8-7所示。

图8-5 选择"反馈与帮助"选项

图8-6 点击相应的按钮

步骤 04 进入"问题详情"界面，如图8-8所示。该界面中解释了一些直播相关的问题，运营者可以根据提供的帮助了解直播的规则。

图 8-7　选择"直播规则"选项

图 8-8　"问题详情"界面

8.1.2　京东直播

在进行网购时，东西质量的好坏是用户思考是否购买的影响因素之一，而京东在推广上一向以高质量为基点，严格筛选产品，为用户提供一个正品保障的平台，受到不少追求产品高质量用户群体的青睐。同样，京东的售后服务也十分有保障。

在京东直播上，许多业务老总亲自带货，直播中还会进行大额抽奖，吸引了不少用户参与互动，巧妙地增加了用户的购买意向。

下面主要介绍京东直播平台的开通与运营技巧，以供想要在京东进行直播的店家参考。

京东直播的开通需要先登录京东达人平台，成为京东达人。满足条件后，方可开通京东直播。不是京东达人的用户，可以先注册京东达人账号。首先我们将介绍京东达人的注册方式，请依照以下步骤进行注册和登录。

如果已经是京东达人，可以直接登录京东达人后台，开通京东直播。

步骤01 在浏览器搜索栏中搜索"京东内容开放平台"，单击京东达人的官网链接，进入"京东内容开放平台"页面后，在页面内输入自己的京东账号和密码，输入完成后，单击"登录"按钮，如图8-9所示。

图 8-9　单击"登录"按钮

步骤02 登录成功后，选择你要开通的账号类型，若是个人开通，选择"个人"选项即可，如图8-10所示，也可以选择企业或者机构管理者。

图 8-10　选择"个人"选项

步骤03 选择"个人"选项后，进入实名认证页面，填写自己的真实姓名，以及证件信息。填写完实名认证信息后，单击下方的"下一步"按钮，如图8-11所示，进行下一步操作。

图 8-11 单击"下一步"按钮（1）

步骤 04 执行操作后，继续填写你的个人信息，如用户账号、联系方式，并进行手机短信验证码验证。查看京东原创平台入驻协议后，选中"同意《京东原创平台入驻协议》"复选框，单击"下一步"按钮，如图8-12所示。

图 8-12 单击"下一步"按钮（2）

步骤 05 弹出"达人CPS（Cost Per Sale）佣金与内容动态奖励规则"对话框，阅读规则内容，单击"确认"按钮，如图8-13所示，进行下一步操作。

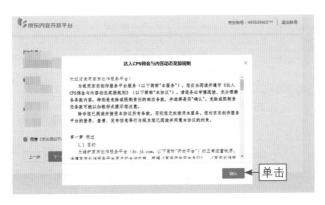

图 8-13 单击"确认"按钮

步骤 06 执行操作后，则会显示已经通过了达人认证，提示你已加入的信息，如图8-14所示，三秒之后即可跳转网页。

图 8-14 已加入京东达人的提示

步骤 07 跳转至"京东创作服务平台"页面后，选择左侧的"渠道申请"选项，在右侧会显示各种渠道的申请信息介绍。当我们需要申请京东直播时，在"京东直播"选项中单击"展开"按钮，如图8-15所示。

图 8-15 单击"展开"按钮

步骤 08 单击"展开"按钮后，会弹出新的面板，显示自己是否符合申请条件，如图8-16所示。若不满足申请条件，可单击"京东直播"选项中的"查看详情"按钮，查看申请条件的具体要求。

图 8-16　显示是否符合直播申请条件

步骤09 单击"查看详情"按钮后，能够看到京东主播的资质审核要求，如图8-17所示。

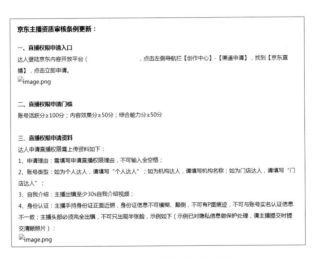

图 8-17　京东主播资质审核条例

8.1.3　淘宝直播

淘宝直播一直以来都是电商直播不可或缺的一个平台。本节主要介绍淘宝直播平台的开通方法。

入驻淘宝直播平台的方法有两种：第一种途径，针对普通用户；第二种途径，主要针对商家、达人、档口主播。下面介绍第二种途径，主要针对商家、达人、档口主播。首先在手机上下载最新的淘宝主播App，安装完成后，进行登录和注册。

步骤01 输入并搜索"淘宝主播"，如图8-18所示，下载App。

步骤02 打开淘宝主播App，跳转至登录界面，有3种登录方式，如图8-19所示。一般情况下，可以选择手机淘宝登录。

图 8-18　输入并搜索"淘宝主播"

图 8-19　3 种登录方式

步骤03 进入"淘宝账号授权"界面，点击"确认授权"按钮，如图8-20所示。

步骤04 登录成功后，跳转至淘宝主播App首页，点击头像下方的"立即入驻，即可开启直播"按钮，如图8-21所示。

图 8-20　点击"确认授权"按钮

图 8-21　点击"立即入驻，即可开启直播"按钮

步骤 05 进入"入驻淘宝主播"界面，设置好头像和昵称等信息，点击"实人认证"右侧的"去认证"按钮，如图8-22所示。

步骤 06 执行操作后，进入"实人认证服务"界面，如图8-23所示，进行人脸识别并确认真实身份后，即可完成认证，入驻淘宝主播。

图 8-22　点击"去认证"按钮

图 8-23　进入"实人认证服务"界面

8.1.4　快手直播

下面介绍一下快手直播的开通方法，可按照以下步骤进行操作。

步骤 01 进入快手短视频App之后，点击首页界面下方的⊕按钮，如图 8-24 所示，进入拍摄界面。

步骤 02 执行操作后，切换至"开直播"界面，如图 8-25 所示，点击"开始聊天直播"按钮。

图 8-24　点击相应的按钮

图 8-25　切换至"开直播"界面

步骤03 执行操作后，跳转至"实名认证"界面，如图8-26所示。填写好相关的身份信息后，点击"同意协议并认证"按钮，即可完成实名认证。

步骤04 随后跳转至开直播界面，再次点击"开始聊天直播"按钮，即可进入直播界面，如图8-27所示。

图8-26 "实名认证"界面

图8-27 进入直播界面

8.1.5 微信直播

微信直播，以微信用户作为基础，主要针对的是用户的好友，以及相同交际圈内的用户。微信直播能够加强用户彼此之间的黏性。微信直播的方式主要有两种，一种是公众号直播，另一种是小程序直播。

微信小程序直播的开通需要具备两个条件：一是拥有自己的小程序；二是小程序收到了微信的公测邀请。只有具备这两个条件的用户才能开通，本节只讲解微信公众号直播的开通方式。

微信公众号的直播需要借助直播平台，微赞直播是公众号进行直播常用的平台，但是除此之外，也可以使用其他的直播平台。在这里我们将借助微赞直播来进行开通示范，介绍微信公众号的直播方式。

步骤01 首先打开App商城，搜索微赞直播App，点击"获取"按钮进行下载，如图8-28所示。

步骤 02 等待下载完成后，点击"打开"按钮，如图8-29所示。

图 8-28　点击"获取"按钮

图 8-29　点击"打开"按钮

步骤 03 执行操作后，进入App首页，❶点击界面下方的"去开播"按钮；❷选中"请先阅读《用户协议》与《隐私政策》并勾选"单选按钮，如图8-30所示。

步骤 04 执行操作后，跳转至登录界面，点击"微信登录"按钮，如图8-31所示，跳转至微信界面并授权后，即可成功登录微赞App。

图 8-30　选中相应的单选按钮

图 8-31　点击"微信登录"按钮

步骤 05 登录后，在"我的"界面中点击"专属直播间"按钮，如图 8-32 所示，可成功开通一个免费的直播间，随后点击"切换身份"按钮，进行身份切换。

步骤 06 在身份切换界面，选择"管理员"选项，如图8-33所示。

图 8-32　点击"专属直播间"按钮

图 8-33　选择"管理员"选项

步骤 07 执行操作后，进入"直播间列表"界面，可以看到我们拥有了一个体验版的直播间。选择该直播间，如图8-34所示。

步骤 08 执行操作后，进入开通直播界面，并且会弹出新的对话框，需要对身份进行认证，点击"去认证"按钮，如图8-35所示。

图 8-34　选择相应的直播间

图 8-35　点击"去认证"按钮

步骤 09 执行操作后，进入"直播间认证"界面，会显示两个选项卡。企业认证需要切换至"企业认证"选项卡，如图8-36所示。

步骤 10 个人用户请切换至"个人认证"选项卡，上传相关照片并填写好信息，如图8-37所示，点击"提交"按钮。

图 8-36　"企业认证"选项卡

图 8-37　上传相关照片并填写好信息

步骤 11 执行操作后，跳转至"认证结果"界面，显示认证成功，即可点击"立即创建直播"按钮，进行直播，如图8-38所示。

步骤 12 执行操作后，进入直播间创建界面，在这里可以选择直播的形式，如视频直播、图片直播或语音直播，也可以选择横屏或竖屏的模式直播，如图8-39所示。

步骤 13 切换至"竖屏直播"选项卡，如图8-40所示，点击"创建竖屏直播"按钮，即可创建竖屏模式的直播间。

图 8-38　点击"立即创建直播"按钮

图 8-39　进入直播间创建界面

步骤14 跳转至新的界面，填写好开播时间和直播标题等信息，如图8-41所示，并点击"创建直播"按钮。

图 8-40　点击"创建竖屏直播"按钮

图 8-41　填写好相关信息

步骤15 进入新的界面，在这里可以设置开播推送的方式及推流设置等，设置完成后，点击"去开播"按钮，如图8-42所示。

步骤16 进入直播间，在该界面中可以设置镜头的方向及美颜滤镜等，完成操作后，点击"开始直播"按钮，如图8-43所示，即可开始直播。

图 8-42　点击"去开播"按钮

图 8-43　点击"开始直播"按钮

8.1.6　蘑菇街直播

蘑菇街为女性群体提供了穿搭参考，服装类型很多，大多为时尚、流行的款式，并且具有实用性。其实用性最主要体现在提供多场景的穿衣方式，让爱美的女性在各个场合都能光鲜亮丽。

蘑菇街除主打的服装搭配外，还在妆容、鞋包、饰品等方面提供了搭配参考，节省了用户搭配服装的时间，也解决了用户搭配服装的烦恼。

蘑菇街直播需要在手机商城下载蘑菇街App，安装完成后，进行登录和注册，再按照以下方式申请开通蘑菇街直播的功能。

步骤01 打开蘑菇街App，进入App主页，点击界面下方的"直播"按钮，如图8-44所示。

步骤02 进入"直播"界面，点击界面右下方的"开播"按钮，如图8-45所示。

图 8-44　点击"直播"按钮

图 8-45　点击"开播"按钮

步骤03 进入"蘑菇街主播＆机构招募令"界面，滑动屏幕至界面下方，点击"个人主播"按钮，如图8-46所示。

步骤04 进入"蘑菇街主播申请"界面，在其中根据个人情况填写相关信息，如图8-47所示，点击"提交申请"按钮。

步骤05 进入"主播入驻试播页面-2021"界面，其中显示了直播试播的相关要求及示范演示，如图8-48所示。

图 8-46　点击"个人主播"按钮

图 8-47　填写相关信息

步骤 06 浏览完所有注意事项后，滑动屏幕至界面下方，点击"点击开始试播5分钟"按钮，如图8-49所示，即可开始进行试播。待试播完成后，根据界面提示进行相关操作，即可完成蘑菇街的入驻。

图 8-48　直播试播的相关要求

图 8-49　点击"点击开始试播 5 分钟"按钮

1. 主播小店

蘑菇街直播的个人主播可以设置自己的直播小店。直播小店的开通必须要交

纳保证金，详情可以在蘑菇街官网右上角点击"关于我们"|"商家入驻"|"招商要求"|"特色市场"|"招商规则"进行查看。

2. 品牌合作

蘑菇街平台会在个人主播的培养中，提供与主播形象相符的产品，产品的货源稳定，并且质量可靠，这样的方式解决了主播自行寻找货源的烦恼；同时供给的品牌方也可以根据蘑菇街后台的主播信息，选择与自身产品相匹配的主播进行业务合作。

8.1.7　B站直播

B站直播平台上的内容有趣而丰富，许多年轻人都喜欢将 B 站作为观看直播的重要渠道。那么，UP 主如何玩转 B 站直播呢？这一节就来重点解答这个问题。

1. 直播玩法

在介绍直播玩法之前，我们先来了解一下在B站上开通直播的步骤。目前，在电脑端和手机端都可以在B站上进行直播。下面就以手机端为例，具体讲解开通直播的步骤。

步骤01　登录哔哩哔哩App，❶点击"首页"界面中的"直播"按钮；❷点击 按钮，如图8-50所示。

步骤02　进入直播界面，点击"开始视频直播"按钮，如图8-51所示。

图 8-50　点击相应的按钮

图 8-51　点击"开启视频直播"按钮

值得注意的是，只有在实名认证之后才能开播，所以在开播之前主播一定要先进行实名认证。

介绍了在手机端B站上开通直播的步骤后，下面重点介绍B站直播的3种玩法。

（1）主播舰队

主播开通直播后，可以在直播房间内拥有自己的舰队，舰队的船票总共有3种，分别是总督、提督和舰长。当主播的粉丝拥有相应的舰队船票后，该粉丝将会拥有以下特权。

· 在图标上，舰队船员拥有房间专属唯一标志、进房间弹幕特效公告、房间内专属身份展示位特权。

· 在弹幕上，舰队船员拥有专享房间内紫色弹幕、专享房间内顶部弹幕发送权限（仅限总督）、弹幕长度发送上限提升至40字（仅限总督和提督）特权。

· 在"爱意"上，舰队船员拥有亲密度上限翻倍（粉丝勋章等级不同，亲密度上限也有所不同）、加速升级粉丝勋章、粉丝专属礼包和购买即返银瓜子（B站直播虚拟货币）特权。

· 在发言上，舰队船员不受房主以外的禁言影响、发言时昵称颜色与众不同且发言时拥有聊天气泡特权。

（2）直播看板娘

"直播看板娘"是B站设计的一个卡通形象，它的主要作用是实现内容交互，即当主播收到粉丝打赏的礼物时，"直播看板娘"会以气泡的形式弹出来，帮主播答谢粉丝。而平时"直播看板娘"也会悬浮在视频周围，当粉丝单击或双击"直播看板娘"时，她会向粉丝卖萌。此外，UP主还可对"直播看板娘"进行换装。

（3）主播轮播

主播在直播中可以开启轮播开关，对指定内容进行轮播。单击左侧的"轮播设置"按钮，可进入"轮播设置"页面，如图8-52所示。

2. 直播规范

俗话说："没有规矩不成方圆。"直播是一种覆盖面广、传达速度快的内容传播形式，如果没有一定的规矩引导，势必会出现各种乱象。因此，B站特意制定了《bilibili主播直播规范》，对主播的直播行为做出了一些规定，如图8-53所示。

图 8-52　"轮播设置"页面

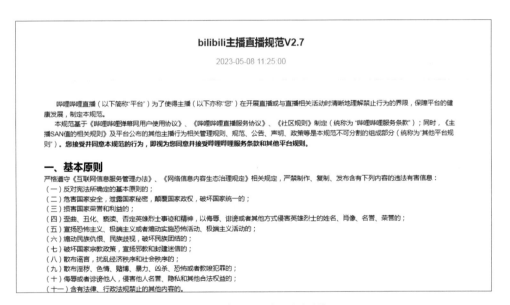

图 8-53　《bilibili 主播直播规范》

此外，B站还发布了《哔哩哔哩直播带货禁售商品类目》，主播在直播之前，一定要了解自己销售的产品是否在其中，如图8-54所示。

图 8-54 《哔哩哔哩直播带货禁售商品类目》

8.1.8 拼多多直播

拼多多的多多直播门槛低、变现快，受到许许多多的用户喜爱，并且拼多多在这几年大受欢迎，以实惠的价格受到众多用户的下载与使用。本节将详细为读者介绍多多直播的使用技巧。

拼多多的多多直播面向所有用户，不仅门槛低，而且操作简单，下面介绍利用拼多多App进行直播的操作方式。

步骤01 登录拼多多App账号，点击"个人中心"按钮，如图8-55所示。

步骤02 进入个人中心界面，点击头像，如图8-56所示。

图 8-55 点击"个人中心"按钮

图 8-56 点击头像

步骤03 进入"我的资料"界面，选择"多多直播"选项，如图8-57所示。

步骤04 随后跳转至"开直播"界面，如图8-58所示，设置好封面后即可开始直播。

图 8-57 选择"多多直播"选项

图 8-58 进入"开直播"界面

商家版拼多多与普通版操作类似，区别是需要下载拼多多商家版。下载完成后登录商家账号，在账号后台界面中选择"工具"选项，找到"营销"选项并点击。在"营销"栏中选择"多多直播"选项，进入后点击"创建直播"按钮，在相册内挑选你想要的封面并填写主题即可。

8.2 培养主播思维

作为一个刚进直播行业的新人主播，要想快速获得更多的粉丝，就需要培养自身的直播思维。下面介绍其中最常见的5种主播思维，以帮助新人快速掌握直播的技巧。

8.2.1 学会把握节奏

对一个新人主播来说，学会控制直播间的场面、把握直播的节奏是首先要具备的技能。大多数主播在刚开始直播的时候，观众人数肯定非常少，再加上自己没有什么直播的经验，经常会出现冷场的情况。

此时，如果主播只是被动地回答用户的问题，不积极主动地寻找话题，一旦用户想要了解的都得到满足之后，就会不再提问或者离开直播间，那么场面就会变得十分尴尬。

基于上面这种情况，新人主播在刚开始直播时都没有自己是主角的感觉，反倒有点像"打酱油的人"，这样怎么可能吸引更多的用户前来观看呢？所以，主播要做到在整个直播的过程中始终牢牢控制直播间的主动权。

要想掌控直播间的主动权，主播除了回答问题还需要会寻找话题。用户一般是为了给自己寻找乐趣打发时间才来到直播间的，如果主播只是被动地等待用户制造话题，那么用户当然会觉得一点意思都没有。这就好比看电视节目，无聊的节目内容只会让观众失去兴趣，然后立马换台。

如果主播能够做到一个人就能掌控全场，从诗词歌赋到人生哲学，各种话题都能够侃侃而谈，那么用户的注意力就会被牢牢吸引住。而要想达到这种效果，就需要主播平日里花时间和精力去积累大量的话题素材。

另外，主播可以根据每天直播的话题设置不同的主题，同时让粉丝参与话题互动，这样不仅能提高直播间的活跃度，还能让用户觉得主播知识渊博、专业靠谱，很容易会对主播产生敬佩崇拜之情，此时主播就比较容易控制直播间的场面和气氛了。

除了控制直播间的场面，还有一种情况也需要主播高度重视，那就是突发情况的应对。其中最常见的情况就是极个别用户故意在直播间带节奏、和主播唱反调对着干。对于这种情况，主播一定要心平气和、冷静理智，不要去回应他们任何的言语攻击，毕竟群众的眼睛是雪亮的，孰是孰非大家心里都有一杆秤，所以主播只需要在谈笑间将捣乱的人踢出直播间即可。

学会控制直播场面能够快速提升新人主播对直播的自信，让主播有一种掌控全局的满足感，能够激发主播继续直播的动力，让主播将这场直播顺利圆满地完成并取得成功。

8.2.2 保持态度真诚

有的新人主播经常问笔者这样一个问题："我想做直播，但是没有高颜值怎么办？"其实，虽然在各大平台中的确有很多高颜值的主播，但不靠颜值吃饭却依然火爆的主播也大有人在，因此颜值并不能完全决定直播的效果和主播的人气。

那么，什么才是快速吸引粉丝的关键呢？直播是一场关于人与人之间的互动交流，所以关键还是在于人。如果经常看直播的话就不难发现，那些人气火爆、粉丝众多的主播不一定拥有很高的颜值，但是他们普遍拥有较高的情商，非常善于与人沟通交流，不管认识的还是不认识的都能说上话。

对新人主播来说，直播最重要的就是学会与人互动，让用户时刻感受到主播的热情和走心的服务。当粉丝需要倾诉时，就认真听他诉说并安慰他，尽量聊粉丝感兴趣的话题，与粉丝建立共同语言。

只有把粉丝当成朋友来对待，把他们放在心上，主动去了解他们关心的事物，才能让粉丝感受到主播的真诚，从而增进彼此之间的感情，增强粉丝对主播的信任、黏性和忠实度。

在虚拟的网络世界，主播要想维护和粉丝之间的感情就得靠自己的真心和诚意。粉丝之所以会给主播刷礼物很大一部分原因是主播的人格魅力和主播的真诚打动了他们，所以他们才会心甘情愿为主播买单。

感情是沟通出来的，礼物是通过和粉丝交心交出来的，刷礼物代表了粉丝对主播的喜爱和认可，也只有粉丝自愿主动地打赏，才能说明粉丝的直播体验很好。很多新人主播在刚开播时，为其刷礼物的也只有身边的亲朋好友，正因为这层关系，他们才刷礼物以表示支持。

因此，平时主播下播之后要多去关注给你刷礼物的粉丝的动态，让粉丝感觉到你很关心他，让他觉得自己是有存在感的，这样不仅能使彼此之间的感情更加牢固，还能获得相应的尊重。

8.2.3 学习多种才艺

对于新人主播，要想进行一场精彩的直播，光有真诚是不够的，还得有能力。也就是说，作为一个主播，要学习多种才艺来获得观众的喜爱和认可。才艺的种类非常多，主要的才艺类型有唱歌跳舞、乐器表演、书法绘画和游戏竞技等。不管你学哪种才艺，都能为你的直播吸引更多的粉丝。当然，如果你全部都能学会，那就更好了。下面介绍几种才艺类型的直播。

1. 乐器表演

乐器表演是吸引观众观看直播的一种很好的方法，乐器的种类有很多，但最主流的乐器表演是钢琴，图8-59所示为钢琴表演的才艺直播。

图 8-59　钢琴演奏直播

上面案例中的钢琴演奏直播内容并不是枯燥的钢琴演奏知识，而是某一首歌曲的弹奏教学，这样很容易让用户产生看完直播就能学会这首歌曲的弹奏的意识，从而增加用户的观看兴趣。

如果主播想进行乐器类产品带货的直播，那么可以先用产品来表演才艺，在给观众表演的同时也展示了产品，更有利于用户的转化。图8-60所示为钢琴产品带货的直播间。

图 8-60　钢琴产品直播带货

2. 书法绘画

书法和绘画的才艺表演要求主播的作品必须足够优秀和好看，才能吸引用户的注意力，获得用户的欣赏和赞美。图8-61所示为某主播进行书法才艺演示的直播。

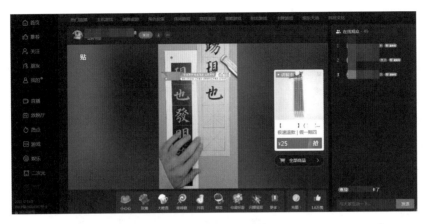

图 8-61 书法才艺直播

如果主播想直播销售与绘画、美术相关的产品，可以先用作品来展示产品的使用效果，这样不仅秀出了自己的才艺，更能直观地让观众了解产品。图8-62所示为毛笔产品带货的直播间。

图 8-62 毛笔产品直播带货

3. 游戏竞技

游戏竞技类的直播可谓是最常见也是最主流的一类直播类型了，虎牙、斗鱼这类直播平台都是以游戏直播为主的。如果主播喜欢玩游戏，对主流的热门游戏

（例如《英雄联盟》《绝地求生》《穿越火线》等）有深入的了解，并且游戏战绩还不错，对游戏的操作和玩法也有自己独到的见解，那么就可以做游戏直播来吸粉。图8-63所示为某主播的《和平精英》游戏直播。

图 8-63　游戏直播

如果主播想进行电竞周边产品（游戏鼠标、机械键盘和电竞椅等）带货的直播，就可以亲自用产品向观众证明游戏体验，使产品更具说服力。图8-64所示为手机散热器产品带货的直播间。

图 8-64　手机散热器的直播带货

4. 唱歌跳舞

基本上每个人都会唱歌，只是好听与难听的区别，而那些天生音色比较好听的主播，就可以充分利用自身的优势来为自己吸粉。还有那些喜欢跳舞的主播也可以利用自己优美的舞姿吸引用户前来观看。图8-65所示为某主播的唱歌教学直播。

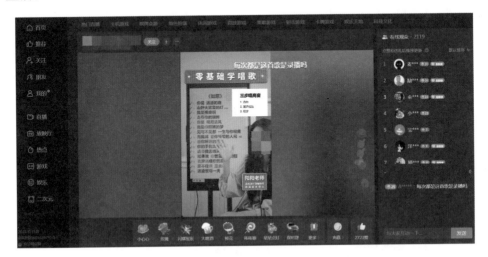

图 8-65　唱歌教学直播

擅长唱歌的主播可以进行和唱歌有关的产品带货直播，例如麦克风、唱歌教学课程和声卡设备等。图8-66所示为声卡套装产品带货的直播间。

图 8-66　声卡套装直播带货

不管是什么类型的才艺表演，只要你的才艺能够让用户觉得耳目一新，能够吸引他们的兴趣和注意，并且为你的才艺打赏喝彩，那么你的直播就是成功的。在各大直播平台上有无数主播，只有向用户展示独特的才艺，并且技术或者作品足够精彩和优秀，才能抢占流量，在众多主播中脱颖而出。

学习多种才艺对主播的个人成长和直播效果的提升作用非常大，这也是主播培养自己直播技能最重要的方法之一。另外，主播在带货时也可以根据自己擅长的才艺类型，选择与之相关的产品，进行直播带货。

8.2.4　深挖用户痛点

在培养主播专业能力的道路上，最重要的一点就是抓住用户的痛点和需求。主播在直播的过程中要学会寻找用户最关心的问题和感兴趣的点，从而更有针对性地为用户带来有价值的内容。挖掘用户痛点是一个长期的过程，但是主播在其中需要注意以下几点，如图8-67所示。

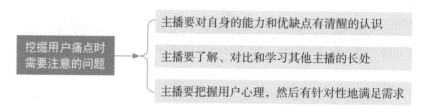

图 8-67　挖掘用户痛点时需要注意的问题

主播在创作内容时，要抓住用户的主要痛点，以这些痛点为标题来吸引用户的关注，弥补用户在现实生活中的各种心理落差，让他们在你的直播间得到心理安慰和满足。

8.2.5　深耕垂直领域

如果仔细观察那些热门的主播，不难发现，他们的直播内容具有高度垂直的特点。例如，有的专注于电商直播带货领域，有的因游戏直播而走红。什么是垂直呢？垂直就是专注于一个领域来深耕内容，领域划分得越细，直播内容的垂直度就越高。

其实，所有的内容创作领域都非常注重账号内容的垂直度，内容的垂直度会影响账号权重的高低，也影响平台对发布内容的推荐，更重要的是还会影响用户对内容创作者专业程度的判断。也就是说，内容的垂直度越高，吸引过来的粉丝群体精准度就越高，也越优质。

那么，对主播来说，该如何来打造自己高度垂直的直播内容呢？笔者建议主播拥有一门自己最擅长的技能。俗话说："三百六十行，行行出状元。"只有深挖自身的优势，了解自己的兴趣特长所在，才能打造属于自己的直播特色。

主播找到自己最擅长的技能和领域之后，就要往这个方向不断地去深耕内容，垂直化运营。例如，有的人玩游戏的水平很高，于是他专门做游戏直播；有的人非常擅长画画，于是他在直播中展示自己的作品；有的人热爱时尚美妆，于是她直播分享化妆技术和教程。

只要精通一门专业技能，然后依靠自身的专业技能来垂直输出直播内容，那么吸粉和变现就会变得轻而易举。当然，主播在直播之前还需要做足功课，准备充分，才能在直播的时候从容不迫，最终取得良好的直播效果。

8.3　掌握带货技巧

在进行直播带货的过程中，主播还得掌握一些实用的带货技巧，这样才能更好地提高直播间的销量。本节重点为大家介绍7种直播带货技巧，让大家快速提高直播间的转化率。

8.3.1　利用卖点提高销量

产品卖点可以理解成产品的优势、优点或特点，也可以理解为自家产品和别人家产品的不同之处。怎样让用户选择你的产品？和别家的产品相比，你家产品的竞争力和优势在哪里？这些都是主播直播卖货时要重点考虑的问题。

在观看直播的过程中，用户或多或少会关注产品的某几个点，并在心理上认同该产品的价值。在这个可以达成交易的时机上，促使用户产生购买行为的，就是产品的核心卖点。找到产品的卖点，便可以让用户更好地接受产品，并且认可产品的价值和效用，从而达到提高产品销量的目的。

因此，对主播来说，找到产品的卖点，不断地进行强化和推广，通过快捷、高效的方式，将找出的卖点传递给目标用户是非常重要的。

主播在直播间销售产品时，要想让自己销售的产品有不错的成交率，就需要满足目标受众的需求点，而满足目标用户的需求点是需要通过挖掘卖点来实现的。

但是，如果满足目标用户需求的产品在与其他产品的对比中体现不出优势，那么产品卖点也就不能称之为卖点了。要想使产品的价值更好地呈现出来，主播需要学会从不同的角度来挖掘产品的卖点。下面为大家介绍一些挖掘卖点的方法。

1. 结合当今流行趋势挖掘卖点

流行趋势代表着有一群人在追随这种趋势。主播在挖掘服装的卖点上，就可以结合当前流行趋势来找到服装的卖点，这也一直是各商家惯用的营销手法。

例如，当市面上大规模流行莫兰迪色系的时候，在服装的介绍宣传上就可以通过"莫兰迪色系"这个标签吸引用户的关注。当夏天快要来临，女性想展现自己的好身材的时候，销售连衣裙的商家就可以将"穿上更显身材"作为卖点。

2. 从服装的质量角度挖掘卖点

产品质量是用户购买产品时关注的一个重点。大部分人购买产品时，都会考虑将产品的质量作为重要的参考要素。所以，主播在直播带货时，可以重点从产品的质量挖掘卖点。例如，主播在挖掘服装的卖点时，可以将商家标明的质量卖点作为直播的重点内容，向用户进行详细的说明。

8.3.2　借助用户树立口碑

在用户消费行为日益理性化的情况下，口碑的建立和积累可以为短视频和直播带货带来更好的效果。建立口碑的目的就是为品牌树立一个良好的正面形象，并且口碑的力量会在使用和传播的过程中不断加强，从而为品牌带来更多的用户流量，这也是为什么商家都希望用户能好评的原因。

许多直播中销售的产品，链接的都是淘宝等电商平台的产品详情页。而许多用户在购买产品时，又会查看店铺的相关评分，以此来决定要不要购买直播中推荐的产品。所以，提高店铺的评分就显得尤为重要了。

在淘宝平台中，在"店铺印象"界面中会对宝贝描述、卖家服务和物流服务进行评分，如图8-68所示。这3个评分的高低在一定程度上会影响用户的购买率。评分越高，用户的体验感越好，店铺的口碑也越佳。因此，主播在选择产品时，应该将产品所在店铺的评分作为一个重要的参考项。

优质的产品和售后服务都是口碑营销的关键，处理不好售后问题会让用户对产品的看法大打折扣，并且降低产品的复购率，而优质的售后服务则能让产品和店铺获得更好的口碑。

口碑体现的是品牌和店铺的整体形象，这个形象的好坏主要体现在用户对产品的体验感上，所以口碑营销的重点还是不断提高用户体验感。具体来说，用户的体验感，可以从3个方面进行改善，如图8-69所示。

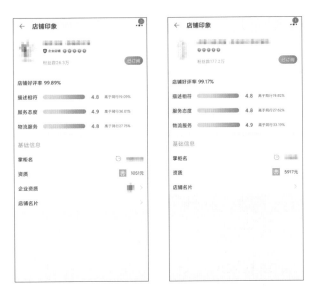

图 8-68　淘宝店铺的评分

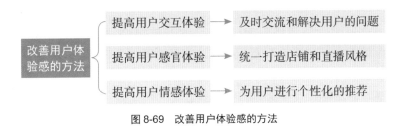

图 8-69　改善用户体验感的方法

那么，产品的良好口碑又会产生哪些影响呢？具体内容如下。

1. 挖掘潜在用户

口碑营销对用户的购买行为影响重大，尤其是潜在用户，这类用户会询问已购买产品用户的使用体验。或者查看产品下方的评论，查找用户的使用感受。所以，已使用过产品的用户的评价在很大程度上会影响潜在用户的购买欲望。

2. 提高产品复购率

对品牌和店铺来说，信誉是社会认同的体现，所以树立好口碑也是提高产品复购率的有效方法。

3. 增强营销说服力

口碑营销相较于传统营销更具感染力，口碑营销的产品营销者其实是使用过产品的用户，而不是品牌方，这些使用过的用户与潜在用户一样都属于用户，在潜在用户的购买上更具有说服力。

4. 降低营销成本

口碑的建立能够节约品牌在广告投放上的成本，为商家的长期发展节省宣传成本，并且能为品牌进行推广传播。

5. 促进企业发展

口碑营销有助于减少商家的营销推广成本，帮助商家获得更多忠实的用户，从而推动商家的成长和发展。

由此不难看出，品牌和店铺的口碑对直播来说是非常重要的。一方面，主播在直播过程中可以借助良好的口碑吸引更多的用户下单；另一方面，在直播中卖出产品之后，主播和商家需要做好售后，提高品牌和店铺的口碑。只有这样，用户才会持续在你的直播间中购买产品。

8.3.3　围绕产品策划段子

主播在进行直播时可以策划各种幽默段子，将带货的过程变得更加有趣，让用户更愿意长时间观看你的直播。

例如，在有着"央视段子手"之称的某位主持人与"口红一哥"共同为武汉带货的直播间，就运用了此方法。在这场直播中，主持人讲了许多段子，例如"我命由你们不由天，我就属于××直播间。"

当主播在直播间中讲述幽默段子时，直播间的用户通常会比较活跃。很多用户都会在评论区留言，更多的用户会因为主播的段子比较有趣而留下来继续观看直播。因此，如果主播能围绕产品特点多策划一些段子，那么直播内容就会更吸引用户。在这种情况下，直播间获得的流量和销量也将随之而增加。

8.3.4　展现产品自身的实力

在直播的过程中，主播可以展示使用产品之后带来的改变。这个改变也是证明产品实力最好的方法，只要改变是好的，对用户而言就是有实用价值的，那么用户就会对你推荐的产品感兴趣。用户在观看直播时如果发现了产品的与众不同，就会产生购买的欲望，所以在直播中展示产品带来的变化是非常重要的。

例如，某销售化妆品的店铺在策划抖音直播时，为了突出自家产品的非凡实力，通过一次以"教你一分钟化妆"为主题的直播活动来教用户化妆。因为一分钟化妆听起来有些不可思议，所以该直播吸引了不少用户的目光。

这场直播不仅突出了产品的优势，而且还教会了用户化妆的技巧。因此，该店铺的这场直播，不仅在短时间内吸引了6000多人观看，还获得了数百笔订单。

8.3.5 比较同类产品的差价

俗话说："没有对比就没有伤害。"买家在购买产品时都喜欢"货比三家"，然后选择性价比更高的产品。但是很多时候，用户会因为不够专业而无法辨认产品的优劣。此时，主播在直播中就需要通过与竞品进行对比，以专业的角度，向用户展示两个产品之间的差异，以增强产品的说服力及优势。

对比差价在直播中是一种高效地带动气氛，激发用户购买欲望的方法。常见的差价对比方式就是，将某类产品的直播间价格与其他销售渠道的价格进行对比，让用户直观地看到直播间产品价格的优势。

例如，某直播间中销售的办公椅的常规价为110.4元，券后价更是只要80.4元，如图8-70所示。此时，主播便可以在电商平台让用户看到自己销售的产品的价格优势，如图8-71所示。

图 8-70 直播间内的办公椅价格

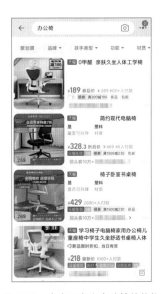

图 8-71 电商平台上办公椅的价格

在这种情况下，观看直播的用户就会觉得该直播间销售的办公椅，甚至是其他产品都是物超所值的。这样一来，该直播间的销量便会得到明显的提高。

8.3.6 呈现产品的使用场景

在直播营销中，想要不露痕迹地推销产品，不让用户太反感，比较简单有效的方法就是将产品融入场景。这种场景营销类似于植入式广告，其目的在于营销，方法可以多种多样。具体来说，将产品融入场景的技巧如图8-72所示。

图 8-72　将产品融入场景的技巧

图8-73所示为某收纳箱销售直播间的相关画面。在该直播间中，主播在家中向观众展示了收纳箱的使用场景。

图 8-73　某收纳箱销售直播间的相关画面

因为在日常生活中，许多人家里的东西都比较多，需要收纳，因此用户看到直播中展示的收纳箱使用场景之后，就会觉得该收纳箱很不错。这样一来，观看直播的用户自然更愿意购买该款收纳箱，其销量自然也就上去了。

8.3.7　选用专业的直播导购

产品不同，推销方式也有所不同，在对专业性较强的产品进行直播带货时，具有专业知识的内行更容易说服用户。例如，观看汽车销售类抖音直播的用户多为男性用户，并且这些用户喜欢观看驾驶实况，他们大多是为了了解汽车资讯及买车才看直播的，所以如果挑选有专业知识的主播进行导购，会更受用户的青睐。

在汽车直播中，用户关心的主要还是汽车的性能、配置及价格，所以更需要专业型的导购进行实时的讲解。

8.4　直播带货 5 步法

可能很多人还是不知道如何更好地进行直播卖货，接下来介绍直播带货的5个步骤，帮助新人主播更好地提高直播的成交率。

8.4.1　取得用户信任

各直播平台的直播很多，为什么用户会选择在你的直播间购买产品呢？那是因为用户信任你。所以在直播带货的过程中，我们重点需要建立与用户之间的信任。具体来说，主播可以从以下几点获得更多用户的信任。

1. 维持老客户的复购率

经营服务好老客户，给予优惠福利，调动这部分用户的购买积极性，借助老客户来挖掘更多潜在的客户。

2. 提供详细全面的产品信息

如果在直播中介绍得不够详细、全面，用户可能因为对产品了解不够而放弃下单。所以在直播带货的过程中，主播要从用户的角度对产品进行全面、详细的介绍，必要时可以利用认知对比原理，将自身产品与其他的店家产品进行比较。

例如，在包包销售直播中，可以将正品与市场上的水货进行比较，向用户展示自身产品的优势，让用户在对比中提高对产品的认知。

3. 提供可靠的交易环境

在直播交易中，商家提供的交易方式也会影响用户的信任度，一个安全可靠的交易平台会让用户在购买时更放心，所以运营者和主播需要向用户确保你们的交易是安全可靠的，不会出现欺诈、信息泄露等情况。

4. 进行有效的交流沟通

在直播时，主播应该认真倾听用户的提问，并进行有效的交流和解答。如果在沟通过程中，用户的提问被主播忽视了，用户就会产生不被尊重的感觉。所以主播在进行直播带货时，需要给予用户适当的回应。对此，主播可以专门任用小助手，负责直播答疑，并且可以多任用几名小助手来进行分工合作，这样更有利于直播间的有序管理。

5. 建立完善的售后服务

完善的售后服务可以为商家建立更好的口碑，同时也是影响用户信任度的因素。用户购买完产品后，可能会遇到一些问题，作为商家代表的运营者和主播应该及时处理，避免影响用户的购物体验和信任度。

8.4.2 塑造产品价值

决定用户购买产品的因素，除了信任还有产品的价值。在马克思的理论中，产品具有使用价值和属性价值，如图8-74所示。

图 8-74 产品的价值体现

产品的价值塑造可分为两个阶段，一为基础价值，即产品的选材、外形、功能、配件、构造和工艺等；二为价值塑造，即展示产品的独特性、稀缺性、优势性和利益性。在直播中，我们主要进行的是产品价值的塑造，具体内容如下。

1. 产品的独特性

产品的独特性可以从产品的设计、造型出发，产品的设计可以是产品的取材。例如，某化妆品中包含Pitera™（一种半乳糖酵母样菌发酵产物滤液），并且声明这样的透明液体可以明显地改善肌肤表皮层代谢过程，让女性肌肤一直晶莹剔透，这就是产品独特性的塑造。

产品独特性的塑造可以让产品区别于其他同类产品，凸显该产品的与众不同。当然，在直播带货中，产品独特性的塑造必须紧抓用户的购买需求。例如，某化妆品的功效是改善女性肌肤表皮，主播在直播时就可以紧紧围绕女性想要改善肌肤的需求进行独特性的塑造。

2. 产品的稀缺性

产品的稀缺性体现在市场上供应量小，或者供不应求。对于这样的产品，运营者和主播可以重点做好数据的收集，让用户明白能买到该产品的机会不多。这样一来，用户为了获得产品，就更愿意在直播间下单。

3. 产品的优势性

产品的优势性可以是产品的先进技术优势，这主要体现在研发创新的基础上。例如，手机或其他电子产品的直播，可以借助产品的技术创新进行价值塑造，这甚至可以是刷新用户认知的产品特点，给用户制造惊喜，并超出用户的期望值。

除此之外，运营者和主播还可以从产品的造型优势上出发。例如，包包的直播，小型包包强调轻巧便捷；中等型号的包包适合放置手机，以及钱包、口红，并具有外形独特、百搭且适合拍照等特点；较大型的包包可以强调容量大，可放置化妆品、雨伞，并且适合短期旅行，这些都是从不同产品的特点出发的，展现不同优势。

4. 产品的利益性

产品的利益性是指产品与用户之间的利益关系，塑造产品的利益价值时需站在用户的角度进行分析。例如，在进行家电直播时，主播可以强调产品给用户生活带来的便捷之处。无论是哪方面的价值塑造，都是基于产品本身的价值使得用户获得更好、更舒适的生活体验，这就是产品价值塑造的基础。

以上塑造价值的方法都是基于产品本身的特点营造的。除此之外，主播还可以通过赋予产品额外的价值来实现产品价值的塑造，赋予产品额外价值的方法有两个，如图8-75所示。

图 8-75 赋予产品额外价值的方法

8.4.3 了解用户需求

在直播带货中，用户的需求是购买产品的重要因素。需求分为两大类，一类是直接需求，也就是所谓的用户痛点。比如，用户在购买时表达的想法，需要什么样的产品类型，这就是直接需求。

另一类则是间接需求，这类需求分为两种。一种是潜在需求，主播在带货过程中可以引导用户的潜在需求，激发用户的购买欲望，潜在需求可能是用户没有明确表明的，或者是语言上不能清晰表明的；另一种是外力引起的需求，由于环境等其他外力因素促使用户产生的需求。

在进行带货的过程中，运营者和主播不能只停留于用户的直接需求，而应该挖掘用户的间接需求。如何了解用户的间接需求呢？笔者认为可以从以下角度出发。

1. 客观地思考并分析用户的表达

当用户通过评论在直播间提问时，主播需要客观分析用户的言语，去思考用户真正所需要的产品，此时主播就可以通过直播进行引导。

2. 选择与用户相符合的产品

每件产品都有针对的用户群体，你推荐的产品与用户相匹配，就能引起用户的共鸣，满足用户的需求。例如，高端品牌的抖音直播，符合高消费人群的喜好，这类用户在购物时可能更注重产品的设计感和时尚感，在消费价格上则不太重视。

8.4.4　根据需求推荐

了解了用户的需求之后，便可以根据用户的需求推荐产品了。当直播弹幕中表达需求的用户比较少时，主播甚至可以进一步询问用户对产品的具体要求，比如用户是否对材质、颜色和价格等有要求。

确定了用户的具体需求之后，主播还可以通过直播向用户展示产品的使用效果，并对产品的细节设计进行说明，让用户更好地看到产品的优势，从而提高用户的购买欲望。

8.4.5　促使用户下单

根据需求推荐产品之后，主播可以通过限时限量来营造紧迫感，让用户产生抢购心理，促使用户下单。

1. 通过限时营造紧迫感

主播可以制造时间上的紧迫感，例如进行产品的限时抢购、限时促销等。通常来说，这类产品的价格相对比较实惠，所以往往也能获得较高的销量。除此之外，主播还可以通过直播标题制造时间上的紧迫感。

2. 通过限量营造紧迫感

主播可以为用户提供限量优惠，限量的产品通常也是限时抢购的产品，但是也有可能是限量款，还有可能是清仓断码款。因为这类产品的库存比较有限，所以对产品有需求的用户，会快速下定购买产品的决心。

第 9 章

案例：《幻境：风光摄影与后期从小白到大师》图书的全媒体运营

在前面的章节中，讲了全媒体矩阵打造的相关技巧与平台介绍，本章将以《幻境：风光摄影与后期从小白到大师》一书为例，为大家介绍矩阵打造的操作方法与技巧，帮助大家学以致用，更全面地精通全媒体矩阵打造。

9.1 运营定位

在前面的8章内容中，为大家讲解了打造全媒体矩阵的相关内容，主要包括内容篇的了解全媒体矩阵、打造品牌IP、构建私域流量池，以及平台篇介绍的图文平台、问答平台、音频平台、视频平台及直播平台的矩阵打造。

在看完这些内容之后，相信大家已经对打造全媒体矩阵有了一个初步的了解和认识。但是由于内容太多，可能运营者想要进行全媒体矩阵打造，却不知道如何下手，或者不知道这几个类型的平台的区别是什么。

想要打造全媒体矩阵，必然要对自己的品牌IP做好账号定位，本书的第2章已经为大家介绍了全媒体矩阵的账号定位，本节将以图9-1所示的《幻境：风光摄影与后期从小白到大师》一书为案例，带大家进行具体的实操，讲解全媒体矩阵打造的相关技巧。

图 9-1　《幻境：风光摄影与后期从小白到大师》实体书

9.1.1 用户定位

打造全媒体矩阵，需要运营者对自己的目标用户有一个正确的认知。在推广和营销内容品牌IP时，只有了解不同平台的目标用户，才能够正确地推广产品。如果只是一味地进行内容输出，却推给根本不需要的人，只会事倍功半。

《幻境：风光摄影与后期从小白到大师》一书的作者是闭眼缄默，一位职业风光摄影师，2009年开始接触摄影，已经拥有14年摄影经验。目前是飞图映像联合创始人、飞图映像首席讲师及导师，他在腾讯课堂上分享了许多风光摄影的课程，包括风光摄影的前期和后期处理，包括拍摄、调色、剪辑等工作。

《幻境：风光摄影与后期从小白到大师》一书结构清晰、语言简洁，特别适合3类目标用户：一是风光摄影爱好者，想进一步提升前期拍摄与后期修图水平的人；二是想深度学习影调、色彩、蒙版、分区曝光合成的人；三是想深度学习并精通Photoshop软件的摄影爱好者。

9.1.2　需求定位

明确了目标用户之后，就需要挖掘并了解他们的真实需求，根据自身情况和拥有的产品来推测目标用户。

例如，风光摄影师闭眼缄默，在看到市面上大多数摄影技巧类的账号讲解的都是日常生活场景的摄影技巧，而对外出旅游、拍摄大场景、恢宏风光的摄影技巧了解得不够多后，专门在腾讯课堂上开设了讲述风光摄影的课程，特别是前期如何分区曝光拍摄、后期运用通道蒙版修图等高阶课程。

如今风光摄影的市场逐渐扩大，外出旅游的摄影爱好者逐年增多，面对光线无法控制的室外，如何拍摄出风光大片的讲解却比较少，因此，闭眼缄默找到了用户的需求点，在腾讯课堂开设了一系列精品课程，如图9-2所示。搜"闭眼缄默"或"飞图映像摄影学院"即可以看到相关课程。

图9-2　开设的一系列精品课程

9.1.3　内容定位

运营者在进行全媒体矩阵打造之前，要明确自身所发布的内容定位，针对目标用户的需求、痛点和问题，提供解决的办法，提供具有市场竞争力的内容，从而实现持续变现。

前面介绍了用户需求定位，运营者可以从这方面出发，通过用户需求来进行内容的定位。例如，闭眼缄默撰写的《幻境：风光摄影与后期从小白到大师》一书，就是根据目标用户定位进行的内容创作，分3条线进行讲解，一条是风光拍摄线，一条是软件功能线，一条是案例后期线，如图9-3所示，在内容的定位上非常完整明确。

内容提要

本书由资深的风光摄影师闭眼缄默（又名"县长"），根据30万学员喜欢的风光摄影技巧，将线下价值上万元的课程，从下面3条线，帮助读者快速成为风光摄影与后期高手！

一条是风光拍摄线：详细介绍了风光摄影的审美、构图、前景选择、色彩搭配、氛围营造、质感体现、光线应用、光影达成、背屏模拟曝光、分区曝光拍摄、全景接片拍摄、焦点焦段拍摄、景深多张拍摄等，帮助读者步步精通风光摄影的前期拍摄技术。

一条是软件功能线：详细介绍了 PS 的后期处理功能，如图层、通道、灰度蒙版、ACR滤镜、画笔工具、选区工具、调色工具、模糊工具、锐化工具、曝光合成以及景深合成等，帮助大家熟练掌握 PS 的核心技术与后期处理操作，快速精通后期软件。

一条是案例后期线：详细介绍了海景、星空、沙漠、森林等风光，以及黑白照片的前期拍摄要点以及后期处理等内容，帮助大家举一反三，拍出更美更多的风光大片。

图 9-3　《幻境：风光摄影与后期从小白到大师》的内容定位

《幻境：风光摄影与后期从小白到大师》一书共分为4篇、18章节，第1章向大家分享了一些成功的风光摄影作品，第2章讲述了风光摄影的构图技巧，第3章讲述曝光拍法，而第4章～第5章则对作品的后期处理进行了详细的讲解，包括Photoshop工具的运用、蒙版技术的操作等，第10章～第12章讲述了更高级的摄影技术，包括超广角景深合成技术、焦点+曝光合成技术等，第13章～第18章以具体的风光场景为案例进行实操讲解，包括前期拍摄及后期处理，如图9-4所示。

【入门篇】	【高级篇】
第 1 章　入门：提升风光摄影的审美	第 10 章　超广角景深合成技术
第 2 章　构图：让你的画面与众不同	第 11 章　焦点+焦段+曝光合成技术
第 3 章　分区：背屏模拟区域曝光拍法	第 12 章　全景分区拍摄与接片技术
【进阶篇】	【场景案例篇】
第 4 章　PS 核心工具以及修片思维的建立	第 13 章　海景的前期拍摄及后期技术
第 5 章　调整明暗的灰度蒙版技术	第 14 章　星空的前期拍摄及后期技术
第 6 章　让作品以色夺人更具吸引力	第 15 章　沙漠的前期拍摄及后期技术
第 7 章　提升画面的影调和层次感	第 16 章　森林的前期拍摄及后期技术
第 8 章　高质量曝光合成关键技术	第 17 章　如何让阴天场景变成逆光场景
第 9 章　画面质感的提升技术	第 18 章　黑白风光照片的后期技术

图 9-4　《幻境：风光摄影与后期从小白到大师》的章节介绍

该书从摄影构图到曝光，再到后期处理都作了全面而详细的讲解，读者可以方便、准确地进行相关学习。

闭眼缄默写的这本书可以让读者快速地从摄影小白进阶到风光摄影大师，帮助摄影爱好者拍摄出大气恢宏的风光大片。

9.2 矩阵搭建与运营

本书的第4章～第8章，向大家介绍了5种不同类型的新媒体平台的矩阵搭建，分别是图文平台、问答平台、音频平台、短视频平台及直播平台，对各个类型最常见的新媒体平台进行了运营技巧的讲解。

搭建与运营矩阵是一个能够联合各个平台的重要方法之一，有利于打造个人品牌IP，在全平台产生一定的影响力。进行全媒体运营，离不开全媒体矩阵的搭建，运营者可以将内容在全平台进行发布。

本节以闭眼缄默的个人IP和书籍《幻境：风光摄影与后期从小白到大师》为例，为大家介绍如何在全媒体平台进行账号的矩阵搭建与平台运营的相关技巧。

9.2.1 微信运营

微信运营包括两方面：一是微信公众号的运营，二是个人微信号的运营。闭眼缄默有自己的公众号——飞图映像，不仅介绍了许多摄影的技巧、对本书的宣传，还有线下手把手的游学计划，如图9-5所示，感兴趣的读者可以去看一下。

图 9-5 飞图映像公众号主页及文章

个人微信号及微信视频号里，闭眼缄默发布的摄影作品十分精美，用心制作的摄影大片引得不少用户点赞，如图9-6所示。

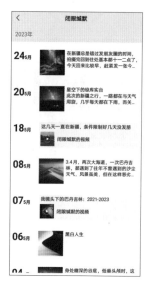

图 9-6　闭眼缄默的个人微信号及视频号

9.2.2　500px运营

500px是一个为许多摄影师提供分享摄影作品的平台，在这个网站中有许多优秀的摄影师注册了账号，并通过该网站寻找志同道合的朋友。同时，摄影师可以通过500px出售自己的照片获得盈益。

以闭眼缄默为例，该摄影师擅长拍摄风光大片，在该平台会发布自己的风光摄影作品，感兴趣的用户可以通过搜索闭眼缄默的名字，进入其主页，如图9-7所示。

图 9-7　闭眼缄默的主页

同时，我们可以看到在闭眼缄默的主页简介上，有联系方式及其课程链接，很好地利用了简介的功能。

9.2.3　头条号运营

今日头条是一款注重内容发布的图文平台，鼓励用户的内容输出，通过头条号平台的智能推荐功能，能够快速获取海量移动阅读用户，这样筛选出来的用户往往与自己账号所发布的内容更匹配。

下面以闭眼缄默为例，为大家介绍如何在头条号平台运营账号。

闭眼缄默在头条号拥有一个自己的账号，并进行了身份认证，从而增加了账号的权威性。同时，我们可以看到，闭眼缄默在账号的简介中同样添加了微信联系方式，如图9-8所示，为个人品牌进行引流。

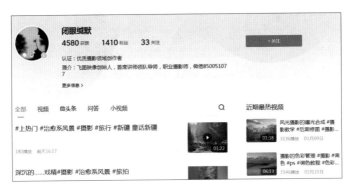

图 9-8　闭眼缄默的简介

想要增加账号的权威性，可以进入"创作平台"页面进行黄V认证。单击左侧菜单栏中的"头条认证"按钮，可以看到右侧有4种资质认证方式，如图9-9所示。

图 9-9　4 种资质认证方式

在头条号上不仅可以发布图文相关的内容，同时也可以发布视频内容，对于摄影类的账号，发布视频能够更好地展示摄影的技术水平。在"闭眼缄默"主页，切换至"视频"选项卡，即可看到许多视频内容，如图9-10所示。

图9-10 在头条主页所发布的视频内容

★ 专家提醒 ★

不管是什么平台的运营，都需要运营者保持账号的更新频率，长期没有更新内容的账号，会被用户当作垃圾账号，从而取消关注。如果没有内容可发，可适当地转发他人的内容，或者在动态中与粉丝进行互动，从而减少用户的流失率。

9.2.4 拼多多运营

拼多多是一个商品种类复杂且操作烦琐的电商平台，拼多多近年来不断地在扩大中老年市场，所销售的产品大多具有便宜、日常、实用的特点，十分适合居家的中老年人，并且拼多多与其他平台的用户重叠率也很低。

拼多多有3种登录方式，包括手机号、微信和QQ，大部分用户因为支付方式都会选择使用微信来登录，因为这样付款会更方便。而微信又是一个流量极大的社交平台，用户在拼多多购买商品，可以通过发起拼团这一形式来用更低的价格购买商品，或者是通过助力这一方式，吸引更多的用户进行分享。

我们可以看到，在拼多多平台上，《幻境：风光摄影与后期从小白到大师》这本书在拼多多平台上的价格明显比京东当当要便宜一些，如图9-11所示。通过拼单的形式满足中老年用户占便宜的心理，能够大大提高该平台的销量。

图 9-11　拼多多价格（左）与京东价格（右）

9.2.5　当当运营

除了对个人账号的品牌IP进行运营，《幻境：风光摄影与后期从小白到大师》一书在其他电商平台也进行了营销，其中之一就是当当网。

当当网作为一个专业销售书籍的电商平台，拥有全网最大的书籍资源库，拥有广大的用户市场，做好该平台的运营，是提升书籍销量的关键。

《幻境：风光摄影与后期从小白到大师》一书在当当网也有不错的销售推广，可以看到在书籍的简介处，写明了书籍的赠品包含700多分钟的视频教学课及语音课。另外，将书籍的主要教学内容也在简介处写明，如图9-12所示，这样能让用户第一时间了解到最关心的部分。

图 9-12　当当网上的书籍推广

另外，本书还在京东、抖音上运营、宣传，如图9-13所示。

图9-13 京东平台的宣传（左）与抖音平台的宣传（右）

9.2.6 图虫运营

图虫是一款摄影师分享交流摄影、视频作品的平台，拥有800万全球摄影师资源，是与视觉中国类似的为用户提供全球优质摄影作品、插画、视频等资源的平台。以闭眼缄默为例，类似的摄影师如果想要打造全媒体矩阵，必然离不开该平台。

闭眼缄默在图虫上拥有自己独立的账号，同时保持着长期的运营，使得自己的粉丝也在逐年增长，有8万多的粉丝，如图9-14所示。可以看到，闭眼缄默在图虫平台上的账号简介中也添加了微信联系方式。

图9-14 闭眼缄默在图虫上的账号

2023年，图虫还专门对在图虫注册10年以上，如今已是摄影圈内的摄影大咖进行了系列采访，闭眼缄默就是其中一位，如图9-15所示。大家如果想深入了解访问内容，可以去搜看一下。

图 9-15　闭眼缄默在图虫上的采访文章

9.2.7　抖音平台运营

现在最火的短视频平台，非抖音莫属，抖音已成为目前的第一大流量入口，2023年抖音日活跃用户已达16亿。

这样的好平台，自然是矩阵打造的重点，运营者也可以在自己的抖音主页留下联系方式，当感兴趣的用户点进主页，在主页加上微信联系方式后，则能够将公域流量转化为私域流量，如图9-16所示。

图 9-16　闭眼缄默的抖音账号主页

图9-17所示为闭眼缄默的抖音账号所发布的视频内容，可以看到他通过发布所拍摄的摄影作品制作成短视频的方式，在抖音平台上为自己的账号引流。

图 9-17　抖音账号所发布的视频内容

在抖音上不仅可以进行短视频的宣传与引流，还可以直播带货，只是直播带货，最好是真人出镜，但直播带货的效果，不一定是立竿见影的，需要花费大量的时间和金钱投入，大家根据自己的实际情况进行选择。

9.2.8　小红书运营

小红书平台原本是一个种草类的图文兼短视频的内容平台，后来增加了商品售卖功能，成功转型为电商平台。如今，小红书的月活跃用户数量正在逐年增加，而该平台的用户群体更偏向于女性，这是需要运营者在打造新媒体矩阵时，注意对应的目标用户特征。

以闭眼缄默的《幻境：风光摄影与后期从小白到大师》一书为例，想要营销这本书，可以先用书中的图片吸引用户，如图9-18所示。闭眼缄默先用9张书中的摄影作品作为例子，再将作品来源的书籍名告诉用户，这样一来，能够减少用户对打广告的排斥心理。

另外，闭眼缄默在小红书的简介处也提供了联系方式，如图9-19所示，方便有需要的用户与自己联系，构建私域流量池。

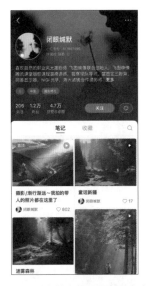

图 9-18　用图片吸引用户　　　　　　图 9-19　在简介处提供联系方式

小红书也是一个拥有巨大公域流量池的短视频平台，闭眼缄默同样通过发布短视频，为自己的账号进行引流涨粉，如图9-20所示。

图 9-20　小红书账号所发布的视频内容

9.2.9　B站运营

除了前面提到的平台，还有一个90后、00后等年轻人大量聚集的视频平台，比如哔哩哔哩弹幕网（简称B站）。该平台的用户大多数为90后、00后，拥有更强的购买力，与其他图文平台的用户重复率也会更低，运营好B站，能够扩大私域流量池。

还是以闭眼缄默为例，我们可以看到该摄影师在B站上同样注册了一个自己的专属账号，如图9-21所示，且账号每隔一个月就会更新视频，一直在保持更新频率和账号活跃度。

图 9-21　闭眼缄默的 B 站账号

9.2.10　其他平台运营

除此以外，闭眼缄默也曾在网易号上发表过风光摄影的相关文章，如图9-22所示。网易号平台主要是发布时事新闻的传媒平台，按照兴趣个性化给用户推荐内容，且平台内容更偏向于采访类，具有很强的真实性，在这上面发表文章，能够提高品牌的知名度。

图 9-22　在网易号上发表的文章

另外，作为摄影类账号的运营者，还可以在专门的摄影爱好者交流平台通过发表文章进行品牌宣传。图9-23所示为闭眼缄默接受优秀的摄影平台——色影无忌的采访，分享风光摄影的经验。

图 9-23　色影无忌平台采访摄影师发表的文章

微博是新浪旗下的社交媒体平台及软件，是目前流量最大的图文平台，通过智能推荐的算法为大量的用户提供感兴趣的信息，且微博的信息传播速度非常快，目前已占据庞大的用户市场，这对打造全媒体矩阵的运营者来说，是必不可少的一个社交平台。闭眼缄默也曾在该平台发布了摄影作品，拥有不少的粉丝，如图9-24所示。

图 9-24　闭眼缄默的微博账号主页

另外，腾讯网（国内提供实时新闻和全面深入的信息资讯服务的新闻媒体平台）也转载过闭眼缄默的采访报道，如图9-25所示，这对于他的IP打造益处多多。

图 9-25 在腾讯网发表的文章

蜂鸟网是一个专业的、领先的影像门户网站，深受许多摄影爱好者的喜爱，他们在这里分享摄影技巧和作品。闭眼缄默在蜂鸟网也有自己的主页与作品，如图9-26所示。

图 9-26 闭眼缄默的蜂鸟账号主页

在高质量问答社区和创作者聚集的原创内容平台知乎，闭眼缄默也为许多摄影爱好者解答过与风光摄影相关的问题，如图9-27所示，这与知乎认真、专业、友善的社区氛围相契合，有利于提高自己的知名度。

图 9-27　在知乎上的摄影解说

最后总结：本章以闭眼缄默的《幻境：风光摄影与后期从小白到大师》一书进行新媒体矩阵打造的介绍，意在抛砖引玉，为大家进行全媒体运营提供一个思路。不同的人物IP，不同的产品，在不同的平台，可能效果不一样，这需要平台的属性与运营的主体调性相符，才能实现1+1大于2的效果，所以需要大家对各个矩阵平台进行试水，根据反馈的效果，再调整运营策略，重点出击。